公《こう》の時代

官民による巨大プロジェクトが相次ぎ
炎上やポリコレが広がる新時代。
社会にアートが拡大するにつれ
埋没してゆく「アーティスト」と
その先に消えゆく「個」の居場所を
二人の美術家がラディカルに語り合う。

卯城竜太（Chim↑Pom）
松田　修

目次

公の時代

はじめに

サンタが死んだ。

少年は、母親から衝撃的な一言を聞いた。

ちなみに少年が前年にサンタクロースからもらったプレゼントは、デカい生肉の塊だった。イブの夜が明けて、枕元に漂う肉の匂いと冷気に驚いて飛び起きた少年を、母は、「偉い子やなー。サンタはアレらしいで。その子が欲しいと思ったものをくれるらしいで。おまえ、家族との贅沢な食事を願ってたんやな？　親孝行やなー」と褒めた。

その翌年、少年はクリスマスのひと月前からサンタクロースにゲームをねだり、イブまであと幾日と心待ちに日々を過ごしていた。そのある日の夜のことだった。

「サンタが死んだ」――と、神妙な面持ちで話し始めた母は、「海外にサンタの親分さんがおんねん。でもひとりじゃ世界中回りきれへんやろ？　だから地域ごとに担当のサンタがおんねんけど……」とサンタの仕組みを説明し、「ウチの地域のは死んでもうたらしい」と念を押した。

聞くと、もちろんサンタ業界でもアクシデントは想定されていて、本当に心の底からサンタクロースに来てほしいと願う「ウチの地区」の子には、隣の地区から手配できるらしい。が、そのぶん、代わりのサンタクロースがもともと担当していた「隣の地区」の子には、手が回らなくなる恐れもあるという。

「どうする？」

と、母は少年の良心を試すように問いかけた。

答えを保留したまま翌日学校に行った少年は、クラスでひとつの話題が持ちきりになっている現場に遭遇する。

「ウチの地区のサンタ、死んだらしいやん！」

「聞いた聞いた！」

クラスメイトたちが次々に口にするその噂話は、まさに昨日、少年が母に面と向かって相談されたそれであり、その次にみんなが一様に話すのは、隣の地区の子に迷惑をかけてまで俺やおまえはサンタを呼ぶか否か、「どうする？」という悩みだった。

少年が地元・尼崎のその地区で、サンタクロースについて耳にすることはそれ以来、ない。

これは本書の共著者、現代美術家・松田修の実体験だ。日本中にサンタはいる。それはゲトーだった尼崎も同じ。「サンタはいる」という暗黙のルールは、有無を言わさず世界中で共有されている。しかし、松田の家とそのコミュニティはその寓話を編集し、それを地域の「お決まり」にした。大きな物語が改変されて、サンタが死んだことを松田少年は悲しんだろうか。たぶんそうだろう。当時は。けれども、現在の松田はそのことを、悲劇はおろか喜劇というよりもむしろ、自分には世界中の子供たちが体験する冬の夜のメインストリームとは違う独自のクリスマスがあったよと、忘れられない経験として自慢げに話す。それが、いまの彼のアイデンティティのひとつでもある「オルタナティブ」の原風景でもあるかのように、思い出して笑う。

寓話が通じない。いくら日本中、いや世界中に浸透していても——

同じ「お決まり」、同じ慣習に従って、同じ風景へと日本中がどんなにつくり変えられたとしても、はたして「同じこと」だけが全国津々浦々で起きるんだろうか。

いま、戦後最大級の再開発が進む東京は、まるでひとつのコンセプトからデザインされるかのように均一化へと向かっている。全国の国道沿いや駅前の風景が同じだなんて感想や警鐘も、もう何十年も聞いてきた。だとしても、そうして「公《こう》なるもの」による都市論が、その街を歩く「個」のルートやスピードや消費の傾向を一律に設計したとしても、その思惑どおりに多くの個が代替可能な動きをしたとしても、本当に「同じこと」だけが起きるんだろうか。

尼崎の一角で「サンタが死んだ」ニュースは、地元の子供たちにとっては残念だったけれど、僕ら部外者には、「そういえばサンタの物語には結末なんてまだなかった」ことを気づかせて、その前人未到の続編を紡ぐ想像力を与えてくれる。クリスマス特需を目論むＣＭやデパートや政府の統計や経団連には残念な話だけど、サンタが死んでも松田家の幸せなクリスマスは続いていた。

そう、サンタは殺せる。というか殺してもいい。実際には誰も死んでないし、もっと言えば「サンタを殺しちゃいけない理由」なんて本当のところは、ない。けれど、世の中を包むその大きな冬の物語のもとでは、「個」はプレゼントを選び、みんながみんな、「消費者」と化す。大きな物語をＤＩＹに紡ぎなおすことで、その物語のつくり手にだってなれるのに。

この本はウェブ版「美術手帖」で２０１８年12月から２０１９年５月にかけて「The Public Times──公の時代のアーティスト論」というタイトルで連載した、僕と松田の対談（ときどきは鼎談）をもとに新たな論として更新したものだ。

近年、「個と公」のバランスが大きく変わるなかで、僕らには、アーティストというつくり手として、言いたいことがたくさんあった。対談内にウザいくらい出てくる「個」「アーティスト」「大正」といったいくつかのキーワードのうち、とくに「公」の使い方は、論として開始当時はガバガバだ。いまから見るとツッコミどころ満載だが、なぜ僕らがそれほどまでに幅広くいろんな集団や容れ物を「公」と呼びたかったのか。それがいったい何を示唆しているのか、だんだんとわかるようになってきたのは、僕らが自らを「私」ではなく、「個」として捉えることにこだわりを持っていると気づいてからだった。アーティストは、「私」(プライベート)という、「公共」と離れた領域に存在する「私人」ではなく、集団の中でこそ存在しうる「個」(インディビジュアル)の究極形なのだ。公共的な場はもちろん、業界やチーム、家庭など、あらゆる集合体を揺るがすのは「私」ではなく、「個」そのものの力だ。同様に、アーティスト活動に「プライベート」なんてものはない。そうして「個」へのこだわりを話し合っているうちに、僕らはあらゆる集団の中に、「個」の力が試されるべき「公」性とも言うべき性質を見いだしていった。

連載は3回で終わる予定が、蓋《ふた》を開けてみたら全9回。さらに書籍化のために大改造。そこまで話が膨らんで僕らを悩ませた要因は、この間にも次々と続発した、アートと社会をめぐるアクシデントだった。公的な検閲、作家やキュレーターの自主規制、一般を巻き込んだ炎上は枚挙にいとまがなく、議論を呼ぶアーティストはネット上で「アート無罪」と茶化されて、世界を騒がせる責任の所在を突きつけられていた。時代という浮き世の変化を超越する「個」として、これまで「アーティスト」は歴史的な文脈を紡いできた。そんなリテラシーが議題に上がらないアクシデントの数々を見て、僕はこう思ったのだ。

（アーティストは死滅するだろうな、ある意味）

僕はなんとなく、僕らが戦後民主主義社会の中でイメージしてきた「アーティスト像」の崩壊を感じていた。「個のエクストリームな振り幅」をつくれる存在であるところの「アーティスト」。イデアとしての、イコンとしての、寓話の登場人物のように、お馴染みでありながらも突飛な存在。そんな「アーティスト像」を、社会が「公の時代」と引き換えに追い立てていた。

これはまず僕らアート従事者の話でもあるけれど、「アーティスト」を失う、この社会のリスクの話でもある。炭鉱の最前線で、有毒ガスに敏感なカナリアが危険察知のために持ち込まれていたことから、「アーティストは炭鉱のカナリア」だと、その前衛性はよくたとえられてきた。いまや炭鉱の時代は過ぎて、カナリアはペットとして愛されているが、しかし、そんないまの日本社会そのものに、僕は以前よりも多くの危険を察知するようになった。「公」という大きな物語の中で、「エクストリームな個」が消失した次は、「個」が消える番だ。

サンタを殺したゲトーの話は僕に、たとえ大きな物語の中にいても、誰もがエキストラではなくつくり手になれる可能性を感じさせた。けれども同時に、「一年に一度しか働かない」ような、妙なキャラが消えることの喪失感をもたらした。それを悲観するか、楽観するか、どちらにせよポスト・アーティストの時代は到来している。

「サンタはいまもどっかにおるらしいけどな」

その昔、尼崎で松田少年の母はそう断りを入れて、「けどウチはもう他とはちゃうようになってもうたからなー」と残念がったらしい。けれどもその後、その地域では、「サンタの死後」という新たなクリスマスの物語が始まったのである。

令和元年五月　高円寺にて

卯城竜太（Chim↑Pom）

1

いまアーティスト論を語るということ

ヤバい作品ひとつとのガツンとくる出会いがなくなってきた

卯城　いま「アーティスト論」を語ることになったきっかけはいくつもあるんだけど、たとえば、自分が国際展なんかに参加してきて、毎回つくづく感じること。国際展ってキュレーターが描く「世界像」がまずあるでしょ。国際展以前にグループ展自体がそういうものなんだけど、まずはキュレーターが描く「大きな物語」がある。どのグループ展が、ってたとえが具体的に挙がらないほど、いまやもうほとんどの大きな国際展は「キュレトリアルな展覧会」をアイデンティティにしてつくられている。「キュレーターの時代」と本格的に言われるようになって10年以上経つけど、これ、インターネットで「キュレーション」って言葉ができて定着したのと時代的にはカブってるんだよね。とにかくまずは有象無象の作品やアーティストってコンテンツを整理し、それをキュレーターが「大きな物語」にレイアウトしていく。

で、その大きな物語を理解することがあまりにも目的化すると、それに沿って配置される個別の作品は、独立したものというよりもその物語の挿絵みたいになるし、キュレーターの意図もテキストベースになるでしょ？　国際展はもちろん英語が共通言語だから、とくに英語で理解できないとそのテキストも理解されず、いくら刺激的な世界観をキュレーターが提示していても、多くの人にとっては意図がわからず排他的に感じる構造になっている。そういう「大きな物語」や言語がわからなくても、ヤバい作品ひとつとの出会いでガツンと満足するような経験があれば、そんなの問題にもならないんだ。けど、最近はそれが得にくくなってきた。

松田　いまだにデッサン力を重要視している美大が多い、技術盲信大国（笑）の日本のアート界でさえ、ステイトメントやキュレーションなど言語ベースの表現が重要だという認識は、アート関係者間では常識化していると言ってもいい状態。で、現在世界中に無数にある国際展は「キュレトリアル」の優秀さを競うようなところがあるから、それに対してアーティストの存在感が希薄になるってことはあるのかもしれないね。

卯城　キュレトリアルな展覧会だけじゃなくて、巨大なアートフェアもそう。フェアにはめっちゃアーティストが参加しているけど、一つひとつの作品（一人ひとりのアーティスト）を見いだすのが蟻の行列レベルで難しくなってきている（笑）。その会場では全体的に、ほぼ同じサイズで同じ傾向の作品がショーケースとしてたくさん並んでいるから、「アーティストの個」というものが見分けられない。

で、「あれ、アーティストってそもそも何なんだっけ？」っていう疑問が拭えなくなってきた。だって、歴史上アーティストほど、「個」へのこだわりが強かった人たちっていなくない？　どんな「枠組み」にも収まりきらない「個のエクストリーム」の振り幅を、社会につくり出してきたのが「アーティスト」だったはず。そういう、キュレーションやアートフェアっていう「大きな物語」と、「埋没する個」との話について考えると、これ、展覧会やフェアだけじゃなく、ほかにも思い当たることがたくさんあるんだよね。

松田　企業が自社の社員にコンプライアンス研修を厳しく行なうってのがデフォルトの時代になってきて、こんなのも「個」を埋没させようとする話なのかもしれない。たしかにほかにもたくさん事例がありそうだね。

卯城　たとえば自分にブーメランみたいに返して話すと、外国でChim↑Pom（チン↑ポム）の活動をプレゼンするときに、1時間や2時間でまとまるパッケージで語らないといけないでしょ。その尺で語れて、海外のオーディエンスが理解しやすい「Chim↑Pom物語」を僕がつくらなきゃいけないわけよ。で、それに沿って各作品をレイアウトすると、おのずとそこに入りきらない作品は語られなくなってしまう。公共の問題や放射能、移民なんかを扱った作品など、現代社会のダイアローグをわかりやすくテーマにしたものがエースになって、ゲロ吐いてたエリイちゃんとか即身仏になってた稲岡くん、岡田くんの描く線のニュアンスとか、自分は大好きなのに、そういう身体的な作品が漏れがちになってくるんだよね。で、いつの間にか、「Chim↑Pomはこういう作品をつくるアーティストだ」っていう居心地の悪いパッケージが成立しちゃって、メンバーみんなにとってもChim↑Pomが客観的なものになってきちゃう。

松田　何かに当てはめすぎると、それ以外の側面が見えづらくなるってのはあるかもね。たとえば、メガネかけたやつに「のび太」ってあだ名つけるとか（笑）。本来あったはずの謎が消えて、もうそれにしか見えなくなっちゃう。とくにアート作品は、永遠に解けない謎があるように感じるとめっちゃ魅力的に見えたりするから、語る難しさがあるよね。

卯城　そんなときに、ひとつの評論が出た。ジョセフ・コンスタブルっていう、ロンドンにあるサーペンタイン・ギャラリーの若いキュレーターが書いたChim↑Pom論なんだけど、ざっくり言うと、「Chim↑Pomは身体を使った『個』的な作品と『公』を扱ったプロジェクトによって、個と公のギクシャクした関係を表現しているように見える」的な。これは僕にとって目からウロコだった。なぜそういう両極端な作品たちがウチらの中で矛盾なく共存しているのか、それを図星で言い当てられた感じだったし、ひいては、

Chim↑Pom
2005年結成のアーティスト集団。メンバーは（左から）水野俊紀、卯城竜太、エリイ、岡田将孝、林靖高、稲岡求。
撮影：山口聖巴

作品として自分を銃撃させたクリス・バーデンやギャラリーの床下に隠れて展覧会期中オナニーをし続けたヴィト・アコンチみたいな、クソヤバい身体表現をやっていた作家たちが、なぜか晩年は建築を扱ったり、街灯やジオラマといったパブリックな素材を作品にしたりしてたんだけど、その感覚が納得できた。

で、そんな「個」と「公」の話を松田くんに飲みながら開陳したら、今度は松田くんがスパークし始めたんだよね。そのときの話が、「にんげんレストラン」（★1）の実践とその後に開催した「グランドオープン」展（★2）を経て、「アーティスト論」をベースにした、「大正時代のアートがなぜ一般的にそこまで認知されず、言うなれば〝ブラックボックス化〟したのか」っていう突拍子もない話を含んだ今回の一連の対談につながった。

★1　新宿・歌舞伎町のロボットレストランの向かいで営業している「人間レストラン」から着想。2018年10月14〜28日まで2週間限定で、ロボットレストラン運営会社の買取により取り壊しが決まった「歌舞伎町ブックセンター」の入るビルを青空レストラン化して営業。会場でいくつもの身体パフォーマンスがくり広げられる、「人間」がテーマのイベントとなった。

★2　2018年11月にオープンした天王州のギャラリー・ANOMALYの展覧会第一弾。2020年に向けて乱開発（グランドオープン）が相次ぐ東京を目の当たりにし、個と公の関係について自ら「都市論」を実践してきたChim↑Pomが《スーパーラット》から《ビルバーガー》《道》まで関係する歴代プロジェクトを集め、「壮大な開放」を画策。作家ステイトメントでは主に松田のエピソードに言及されている。

〝ブラックボックス化〟された大正の前衛

松田　そのときはちょうど「公」と「個」の関係を歌舞伎町を舞台に実践的に表現することをChim↑Pomが考えていて、大正時代にあった「日本初のアンデパンダン展」と言われる超絶クレイジーな展覧会、黒耀会《こくようかい》の話なんかになったんだよね。僕はアカデミックな大学（東京藝術大学大学院美術研究科）を修了し、それなりにアートの文脈を学んできたつもりだったんだけど、大正時代（1912年7月30日〜1926年12月25日）の前衛芸術については知らないことだらけだった。それで、大正の前衛を調べまわったんだけど、蓋を開けてみたら超刺激的でびっくりした。どの活動も社会の常識を直接壊しにかかるような活動が多くて、それまでの僕の中にあった、絵画中心で形式的な「大正時代の芸術」のイメージが、180度変わったよ。

その後、歌舞伎町が舞台の話はChim↑Pom内でのいろんな議論を経て、アンデパンダン展ではなく「にんげんレストラン」というかたちになって。まあとにかく「大正時代の前衛芸術」という話題は、僕にとっても近年稀《まれ》に見る刺激を与えてくれるものだった。さっき言った超絶クレイジーな展覧会の主催者で、日本美術史上で間違いなくトップクラスの問題作《遠眼鏡》を描いた望月桂《もちづきかつら》なんて、まったく知らなかったよ。この《遠眼鏡》は、天皇を描くってだけじゃなくて、当時絶対的にタブー視されていた大正天皇の

望月桂《遠眼鏡》1920年
縦95×横72センチの紙に淡彩。

「遠眼鏡事件」を題材にした作品だからね。ヤバすぎてビビった（笑）。

「遠眼鏡事件」は――信憑性はさだかではないものの――「大正天皇が帝国議会の開院式で詔勅を読んだあと、進行した脳病によるものか、その勅書を丸めて遠眼鏡のように議員席を見渡した」とされる事件なんだけど、さらに《遠眼鏡》の画風は「未来派」と漫画とのハイブリッドな淡彩画だった。未来派は「［…］自動車は、サモトラケのニケよりも美しい」（未来主義創立宣言、1909年）なんて言って機械文明を礼賛していたイタリアの前衛芸術運動で、機械の動きを絵画に取り入れたりしていた。望月はその文脈を利用して、大正天皇を機械として礼賛するのではなく、機械として否定的に描いたとも読み取れる。望月はバリバリのアナキストだからね。

……って、戦後の「人間宣言」以降の象徴天皇の時代じゃなくて、まさに天皇が「現《あら》人神《ひとがみ》」だった時代で！だよ。ヤバすぎる。こんな作品があるのに、とにかく大浦信行さんの昭和天皇コラージュ事件（★3）のときも、小泉明郎さんの《空気》のとき（★4）も、望月桂にはまったく言及されていない。

★3　美術家・大浦信行が昭和天皇の写真をコラージュした版画連作《遠近を抱えて》（1982～85）を「'86富山の美術」展（富山県立近代美術館、1986年）で展示したあと、県議会や地元新聞から「不快」などと批判され、右翼団体からの抗議もあって、作品は図録とともに非公開に。93年に美術館は作品を売却し図録470冊もすべて焼却。作品公開を求めた作家と市民が富山県を提訴したが、一審、二審を経て2000年12月に最高裁で棄却され、全面敗訴。

★4　「MOTアニュアル2016 キセイノセイキ」展（東京都現代美術館、2016年）のためにアーティスト・小泉明郎が制作した、天皇の肖像を扱う連作《空気》が館との交渉の末に出品不可となる。会場では作品不在でキャプションのみがスポットライトで照らされ、当該作品は会期中、近隣の無人島プロダクションにて展示された。作品は本書106ページに掲載。

言及されていない、といえばもうひとつ、Chim↑Pomをはじめとしたさまざまなアーティストが東日本大震災に対して大きく反応したわけだけど、あのときだって、関東大震災（1923年9月1日）直後から震災バラックにペンキで絵を描く運動をしていた「バラック装飾社」の話なんかがもっと出てきたっていいよね。バラック装飾社の中心人物である今和次郎《こんわじろう》は、「野蛮人の装飾を、ダダイズムで」なんて言いながら、ボロいバラックに怪獣のようなものや渦巻き紋様を激しいタッチで描いてたっていうから、この人もヤバい（笑）。まあ、大正時代というのは調べれば調べるほど強烈なアーティストのオンパレードで、知らなかったことを恥じると同時に、いまではすっかり影響を受けるようになった。でも「大正の前衛」は研究者には知られた存在で関連本もたくさん出ているんだけど、僕らの周りの美術関係者に聞いてもほとんど知られてなくて。というか戦後のネオダダなどの前衛と比べたらアートの歴史として「マスト」っていう感じにはほど遠い状況で、そこに陰謀的なものまで感じたよね（笑）。

卯城　そうそう。《遠眼鏡》と望月桂、そして彼が率いたアートコレクティブの黒耀会の話はマジで僕にとってもインパクトだった。日本のアンデパンダン展の歴史は黒耀会から始まってるらしいしね。てか、その黒耀会のアンデパンダン展はヤバすぎて警察に作品が6点押収されたんでしょ。28点に撤去命令が出て無視した結果。で、望月さんは押収した警察署に出向いてその6点の盗難届を提出してるんだよね（笑）。ギャグセンスが高すぎる。

こういった情報もそのときの作品も一般的には全然知られていなくて、検索してネットで出てくるのは美術家・風間サチコさんのブログのみ（笑）。周りの美術関係者もほとんど知らなかったし、たしかにここまで知られてないとなると、陰謀論を感じる（笑）。で、ふと思ったんだけど、日本のアートって一般的に「戦後」や「敗戦」をアイデンティティにしすぎてない？「前衛」っていったらみんな1960年代の美術のことばっか言うし、現代アートっていえば岡本太郎から始めすぎている。村上隆さんなど、「敗戦」を歴史の語り口にすることが日本のアートにとって国際的に効果的だった世代の戦略は理解できるけど、ぶっちゃけ僕らより下の世代は戦後のマインドよりも、どっちかっていうと戦前にシンパシーを感じる人も多いと思う。だって戦後民主主義の個性尊重の社会は、大阪万博時の岡本太郎が好例だけど、「公」自体がエクストリームな個性を求めてたでしょ？　その土壌の上で、ミュージシャンも芸能人も文豪も、そして美術家たちも過激に個性を主張し、しのぎを削ったわけじゃん。ネオダダ、勝新、横山やすし、三島由紀夫、会田誠、電気グルーヴ……そういう狂ったカリスマが時代に求められていた。彼らは時代を超えて普遍的な「個」の理想像をつくり出したけど、いまはそんな「個のエクストリーム」に人々が社会性やモラルを求め、公権力は検閲をかける。つまり、社会自体が個性尊重の「個の時代」から、公尊重の「公の時代」とでも言うべきものに変わってきてしまっている。

松田　僕らが作品を発表し始めた当時と比べても、よりシリアスな時代に突入したと感じるよね。超クレイジーなやつを見て笑っちゃうのだって、いまは笑っていいのかどうか周りの空気を確かめないとわからなくなってる感じ。そんな観客側の事情と、主催者側の自主規制もあって、クレイジーな「個」が表出する機会も少なくなっている。

卯城　そう。それで少し戦前を振り返ってみたいんだけど、政治状況や社会の雰囲気的にも、大正から昭和最初期はいまとビンゴでリンクするからリアリティを感じやすい。関東大震災と、それ以降の治安維持と右傾化の流れなんて典型的だよね。1940年に開催予定だったのに戦争で中止になり幻となった東京オリンピック（★5）の国威発揚も、いまの状況とモロかぶりしてる。「大正↓昭和」と「平成↓令和」の改元なんかもそう。なのに、アートの批評も、経済活動など世の中の動きも、いまだに「戦後」の成長や自由を参照する傾向のほうが強いでしょ。オリンピックや万博という戦後の成功体験の復古を求めてる感じを見ても、そう思う。いまのアートや文化的な活動は、もはや戦後をアイデンティティにした「個の時代」の産物としては語りづらくなってきているよ。僕的にはむしろ「公の時代」の産物なのではと思うわけ。

戦後って2019年で74年目でしょ？　明治元年（1868年）から表現の自由が死滅する昭和13年（1938年）までだって70年間だよ。同じボリュームがあるのに、なんでみんな一般的にそのあいだの「日本のアート」っていうと、ザックリ廃仏毀釈《はいぶつきしゃく》から始まって、茶の湯、岡倉天心、黒田清輝と来て、あとは岸田劉生《りゅうせい》とかその辺のペインターをなぞって、大正の前衛を「異端」として横目に見て、藤田嗣治《つぐはる》、ってことになるの？

★5　1940年に東京で開催が予定されていた夏季オリンピック。皇紀2600年記念行事として日本万国博覧会開催とともに準備が進められていたが、日中戦争などの国際情勢や軍部の反発を受け1938年に開催権が返上された。第二次世界大戦の勃発によって1940年のオリンピックそのものが中止。

2　「マジョリティ」園の出現

「民主主義のつまらなさ」を見せられてるんじゃないか

卯城　大正から歌舞伎町に話を戻そう。過度なキュレーションを脱却した……つまり「物語や枠組みありき」のトップダウンではない、参加するアーティスト主導のボトムアップなイベントを模索していくなかで、大正時代と1960年代に一世を風靡《ふうび》した、無審査・無賞与のアンデパンダン展をヒントにしたんだけど、同時に、いま巷《ちまた》にあふれるアンデパンダン展がなぜそんなに面白くないのか？って疑問がChim↑Pomの中で議論の的になった。

検閲がブームないま、キュレーションも介在しない、無審査で展示できる場って、いまはいまで自由にやれるっていう新たな可能性を持ちうるわけじゃん。なのになんで？って。で、ウチらの中では、面白くないのはひょっとして「民主主義のつまらなさ」を見せられてるからなんじゃないか、って仮説が立った（笑）。日本のアートのターニングポイントになった「読売アンデパンダン展」（★6）も無審査出品制で「美術の民主化」をうたってはいた。とはいえ、読売アンデパンダン展や大正時代のアンデパンダン展が過激でヤバくなったのも、「個の力」が時代や社会を変えうるっていう、民主主義への信念や実践があった時代の賜物《たまもの》でしょ。結果、民主主義そのものがテーマになって、歌舞伎町のウチらの展覧会のラフプランのタイトルは逆説的に「平成最後の大忖度《そんたく》アンデパンダン展」になった（笑）。いま民主主義をピュアに語ったり信じたりすることは難しいじゃん。「忖度」が流行語大賞ゲットする時代の民主主義だからね、いまは。

★6 読売新聞社が主催し合計15回開催された年次博覧会（１９４９〜１９６３年）。発足当時は「日本アンデパンダン展」だったが、第９回（１９５７年）から改称。無審査で自主出品制だったため、次第に作品内容がエスカレート。63年の第15回では赤瀬川原平が千円札を精密模写した作品を出展し、通貨模造の罪で起訴された（千円札裁判）。１９６４年に読売新聞社が中止を発表。

これはこれで個人的にはめっちゃオモロそうだったんだけど、それでもやっぱり自然には面白いことにならなそうだって予感は拭えなかった。無審査だとしても、いまのアーティストが、読売アンデパンダン展の参加作家だったネオダダの人たちみたいに、そこまで過激に自己やアートを主張するか?って。結局、アーティストって何だっけ論が、キュレトリアルな束縛を外したのにまた再来してしまった。

松田　アーティストこそ、「個」を過激にレペゼンする存在だと僕も思うんだけどね。「大忖度アンデパンダン展」はたしかに超ウケるし、いまっぽいんだけど、想像する内容に

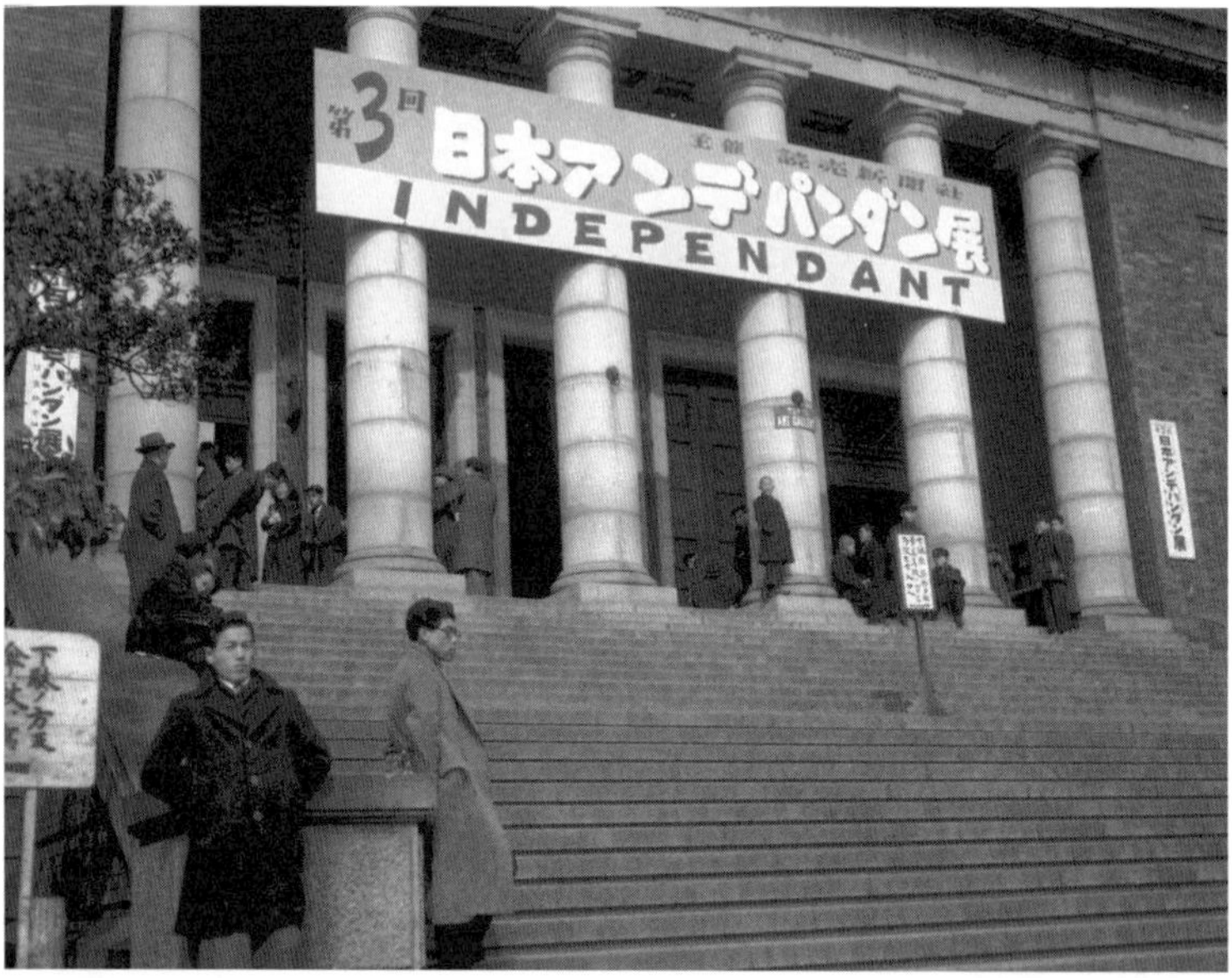

「第3回日本アンデパンダン展」1951年
上野の東京都美術館にて開催。開始当初は「日本アンデパンダン展」という名称だった「読売アンデパンダン展」。その初期は画壇の有名作家が主に出品する市民的な作品発表の場だったのが、1958年（第10回）ごろから野心的な若手作家も混じるようになり、次第にその展示内容は過激化・カオス化していった。
写真提供：読売新聞社

いまいち確信が持てなかったってところかな。それで、自然に過激なものになりそうにない「アンデパンダン展」でもなく、アーティストに役割を与えて緻密に組み立てる「キュレーション展」とも言えない、出演者という「個」から自然に展覧会が成り立つような「にんげんレストラン」が生まれたんだね。実際にんげんレストランは、出演者としての役割やテーマが細かく設定されないままの「個」が、イベント中に勝手とも言えるような「エクストリーム」を発揮することで成立していた。巨大なチョコを舐めまわしてる関優花がいたり、森村泰昌大先生が三島由紀夫を演じたり。そんなことが毎日同時に起こっていた。主催したChim↑Pomも全貌が測れないようで、開催中はメンバーの何人かが「明日何やるかわかんない」なんて言ってるときもあったもんね（笑）。まさに生物としての人間の多様さが、そのまんまダイレクトに感じられる展覧会だった。

僕自身もちんこまんこって666秒間観客と一緒に叫び続けるパフォーマンスと、10日間鎖につながれて物乞いするプロジェクトで参加したんだけど、なにしろにんげんレストランを開くにあたり僕に対してChim↑Pomが要求したのは、クレイジーな松田を見せてくれっていうか、「エクストリームな個を見せてくれ」ってことくらいだったんだから。けど、大正前衛研究効果（笑）によって自分の内に強烈な「個」のイメージが膨れ上がっていた時期だったから、僕にはちょうどよかったのかもしれない。

卯城　僕と松田くんの中では、にんげんレストランは完全に「劇場の三科《さんか》」（1925年）をイメージしてたよね。「劇場の三科」は大正時代末のイベントで、いろんなコレクティブが連合した伝説のステージ。客にバイクの排気ガスを浴びせたり、廊下を焼き魚の煙で満たしたり、客に聞こえない小声で芝居したりとか、たぶん「元祖狂ったパフォーマンスイベント」（笑）。

「エクストリームな個」をお願いしたのは、やはり松田くんの生い立ちがそもそもエクストリームだったから。尼崎にある「新地」近くのゲトー出身で、家庭環境や育ち含めて尋常じゃない。同じ日本かと思えるくらいのスラムな環境で根ができあがっている。パトカー燃やしたり強盗したりで、〃ちゃんと〃鑑別所にも2度収監されてるし、けど最終学歴は東京藝大大学院の美術研究科だから、「国立から国立へ」ってある意味エリートみたくいじられている（笑）。僕が最終学歴中卒で美術教育を受けていないから、なんかお互いにちょうどよく世間やアートのことをズレた感じで話し合えるんだよね。4年間高校に通った松田くんと2年も通えなかった僕、2人でやっと1人分の3年間じゃん、って初対面の会話がそんなだった（笑）。美術史でわからないことがあったらまずは松田くんに聞くようにしている。

松田　カス同士で気が合ったってのはあるね。当時卯城くんは「吉祥寺でいちばん黒い

Chim↑Pom「にんげんレストラン」2018年10月14〜28日
2週間限定で新宿・歌舞伎町に出現。2階から屋上まで吹き抜けの穴が貫通する「青空レストラン」のような会場では、死刑囚の刑執行直前の食事が「最後の晩餐」として提供され、多数のアーティストが毎日パフォーマンスやイベントを同時多発的に行なった。
©Chim↑Pom　Courtesy of the artist, ANOMALY and MUJIN-TO Production

男」って噂されたこともある、日サロ通いが日課の超ギャル男だった（笑）。まあ、僕が美術史をわりと重要視する理由は、アカデミックな大学に通ったってことによる影響と、いまある表現や出来事に対してある意味冷静でありたいってところかな。

卯城　そんな松田くんが、大正について、個別のペインターはともかくムーブメントや数々のアクションのことを知らなかったのにはびっくりした。ウチら「戦後」に洗脳されてない？って。で、そもそも「個のエクストリーム」っていったら、逆に戦後の日本人は「公」って概念をいったいどういうふうに考えてきたのかって思うじゃん。いかにして戦後復興の中で「公」の概念がつくられてきたか。

歌舞伎町でいえば、やっぱその始まりは闇市だったと思うんだよね。新宿は戦後、膨大な数の露店と身体がなんのインフラもなしにひしめき合ってた場所だったでしょ。それでルールや整備といった、ある程度の「枠組み」や「まとまり」が共同体的に必要になった。個ありきの公。だからいまも風紀やルールは独特で、基本はそこで商売をする人たちから生まれたボトムの慣例が尊重されている。これ、歌舞伎町だけの話ではなく、そもそも地域によって「公」のルールや文化が違うのは、それぞれがボトムアップにつくられたからでしょ。でも、その「公の性質」が、いま圧倒的にトップダウンに変容しつつある。現在の歌舞伎町は「エンターテイメントシティ」ってキーワードのもとで再開発が進み、ニューヨークのタイムズスクエアみたいになりつつある。ウチらがにんげんレストランの会場となったビルの屋根や各フロアに大きく穴を開けたのは、屋内から屋根を取っ払うことで「にんげんレストラン」を闇市的な「青空レストラン」に見立てたかったから。闇市から現在の再開発につながる、歌舞伎町の「公」の文脈だった。

松田　それぞれの街の歴史や文脈を大事にするのではなく、トップダウンによる経済活性化や清潔なイメージを優先した再開発は目につくね。阿佐ヶ谷のアニメストリート（★7）なんかもそうじゃない？　で、いまは結局シャッター街どころか、もうアニメストリート自体が消滅してる。

★7　アニメ制作会社が多いとされる杉並区・阿佐ヶ谷で「クリエイターとアニメファンの交流ができるように」と開発され2014年に開業した、JR阿佐ヶ谷駅〜高円寺駅高架下の商店街。2018年2月末に営業終了。

卯城　とにかく、いまはコミュニティありきではなく、まず先に広場や政治や制度っていう「みんなのため」の枠組みが「公」的な顔をして用意されるでしょ。で、そこには必ずターゲット層が想定されているから、闇市みたく雑多な「個」が集まれるような雰囲気はない。トップダウンにセレクトされた「個」のみがターゲットとなるよう整備されている。その話の流れで、最近の公園の民営化がトピックになった。

「公」園は「マジョリティ」園になった

松田　公園がトピックになったのは、そこに「公」の字があるからで。つまり公園というのはその国の「公」の概念を具現化した場のひとつだと考えたんだよね。で、民主主義における「公」の場って、あらゆる「個」へ開かれているイメージがあって。たとえばヨーロッパにおける広場なんかがそうだよね。日本でいう広い場所とか交通広場ってわけじゃなくて、あらゆる人たちがコミュニケーションを図ったり、いろんな集会が行なわれたりする、公共性の高い場所。それが「公」の場所として人々に認知され、都市の中心として計画的に配置されている。

けど最近、「公」を名乗る場所のルールが変わってきたって実感がある。「昔は良かった」と言うつもりはまったくないけど、本当に公園がわかりやすい例。いま公園って、「公」園ではなく「マジョリティ」園へとデザインされてきている。たとえば大阪城公園は2015年から民営化されていて、広告代理店である電通が代表の共同事業体が運営してるんだよ。その結果、公園では花見が有料になったりしてるんだけど、まあ「素敵な感じ」にはなってる。

でもそれは「多くの人にとっては素敵な感じ」ということでしかなくて、マジョリティがよろこぶ代わりに排除された人は確実にいるわけ。でも実際、営業利益は増えてるんだよ。公園が稼げるコンテンツになっている。公園が儲かるってみんなわかっちゃったから、どんどん素敵にデザインするでしょ。上野公園なんかもスターバックスができたり、木々を減らして見通しをよくしたり、いろんなマルシェやフェスティバルを誘致するためにも中央広場を整理したりして、たくさんの人が訪れるようになった。その代わり、「把握不能な人たち」が寄りつかなくなった。ほとんどの人からしたら、そんな人たちは不審者に見えたりするんだろうけどね。そういえば、Chim↑Pomイチのアル中である岡田くんも昔はよく公園で寝てたけど、最近は空気を読んでか家に帰るようになったよね（笑）。

卯城　おかやんはいまだってベロベロだよ。財布や携帯をなくすから外で寝ないように心がけてるんじゃない？（笑）上野公園はスタバを入れる一方で、的屋《てきや》は排除する方向に動いてる。的屋には反社会的な部分があるから、っていうのが行政の言い分なんだけど。

松田　たこ焼き屋がなくなった代わりにスタバを入れる。めちゃくちゃ簡単に言うと、公共の施設やインフラの民営化、経済競争促進なんていう新自由主義的な発想で公園を運営していこうという風潮が日本中に広がっている。でもそれは「公」の場のあり方としてはもはや「公」ではないでしょ。特定の人しか想定していない、方向性としてはディズニーランドと一緒の、「公」園モドキの「マジョリティ」園でしょ。僕は自宅が西荻窪なんだけど、平日に自分用に弁当をつくっていって、寝癖全開のまま公園で食べてたんですよ。そしたら警察が来て……「公園に入りづらい」っていう通報があったらしくて。公園で飯食ってるだけですよ。いつから公園ってドレスコードが発生したのよ（笑）。そんなら、公園を愛した『あしたのジョー』の矢吹丈なんて、いまは100パー通報対象でしょ（笑）。

本来ならばあらゆる「個」に開かれた「公」だったものが、まずは「公」ありきで、「個」はそれに追従しなければならなくなってきてる。この構図は、卯城くんが話したように、カオティックだったアートのインフラが少しずつ整備されてきて、そのインフラに寄り添ったアーティストがたくさん生まれる代わりに、把握不能なアーティストが減っているアート界の現状とリンクしないかな？　まずはキュレーションありきで、アーティストがそれに追随しすぎるような状態にも。もちろんインフラが整備されることは良いことだし、キュレーションが面白いのは素晴らしいことなんだけどね。それに問題は、「個」側であるアーティストにあるような気もするし。

卯城　それでひとつ思い出したのが、渋谷の宮下公園のこと。ナイキが公園の再開発と引き換えに命名権（ネーミングライツ）をゲットしたのを受けて、計画発覚前から行なわれていたホームレスの強制排除への反対運動が2010年に激化したじゃん。ナイキパーク騒動。そのとき、小川てつオさんをはじめとする、近隣でずっとテント生活をしていたアーティストたちが参加して、「宮下公園アーティスト・イン・レジデンス」という名前で公園をジャックしたんだよね。

折れた傘や壊れた自転車をオブジェと称して展示したり、いろんなイベントを始めたりとか。結果としてはナイキは命名権を放棄することになって、いまも「宮下公園」のままなんだけど、当時はまだそういう軋轢《あつれき》が目に見えるかたちであったし、個による公へのアプローチも活発だった。まあ、テロの時代になったってのも不審者にとっては逆風だよね。

松田　つまり穏やかな日常を過ごすことが至上命題な人たちからすると、生活の背景が見えてこない僕らみたいなカスがひたすら怖いんだよね。生まれて、すみません（笑）。

卯城　でもあらためて考えてみると、松田くんや岡田くんみたいに「あの人のせいで公園に入りづらい」とか言われちゃうようなカスみたいなやつこそがアーティストをやってたりもするじゃん。会田誠さんなんてそのラスボスでしょ。50歳過ぎたいまでも事情聴取は日常茶飯事らしいからね（笑）。まあ、ちなみについこの前Chim↑Pomみんなで

「宮下公園アーティスト・イン・レジデンス」2010年3月15日〜9月15日
渋谷区による宮下公園の「NIKEパーク」化に対抗すべく、アーティストたちが公園に集まり、テント滞在しながら作品制作、展覧会、シンポジウム、ライブ、カフェといった表現活動を行なった。
撮影：江上賢一郎

車に乗ってたら、積んでた工具のバールと稲岡くんの風貌で全員小一時間拘束されたばっかだけど……。

たとえば「ジェントリフィケーション（高級化）」って、ウチらみたく公共圏をテーマにしたり、市場によってその作品価値を決められたりする作家にとって当事者的な問題でしょ。ニューヨーク・ブルックリンのダンボ地区で２０１９年にウチらの個展があるんだけど、そこじゃジェントリフィケーションを扱うこと自体がタブーになってるってギャラリーのディレクターが言ってたよ。やり口としては、不動産屋がビルや土地を買いあさって、アートスペースや商業店舗をたくさん呼び込む。それによって地価が上がる。で、結局おしゃれで良い感じの街になるんだけど、そもそものエリアって数年前までは、空き家になった倉庫をアーティストたちがスタジオとして安く借りてただけの閑散としたところだったのよ。それが、地価がドカンと上がったいま、もともとのアーティストたちは退去せざるをえなくなった。

公園にいると通報されて追い出されたり、荒廃したエリアの空き家を安く使ったりするようなカスみたいなアーティストがいる一方、アートはジェントリフィケーションによって素敵化する街の一役を担い、カスを追い出す側の原動力にもなっている現状がある。アートは価値そのものがテーマみたいなところもあるから、それが再開発や市場で利用されるのはわかる。街が素敵になるのがいいってのもパンピーの立場に立ったら理解できる。だけどそこで説明できなくなるのは「アーティスト」の存在なんだよね。アーティストってそれでいいんだっけ？　そういう存在なんだっけ？　そういう根本的な「？」が最近のアートシーンにはあると思う。

そんな「公」への態度を考えるにあたって参照したくなるアーティストが多いのが、美術史の中ではやっぱり、とくに大正時代から始まる日本のダダなんだよね、個人的には。前衛。同時代の近代美術的な画家たちが、のちの全体主義社会へと至るなかで権力や市場と結びついて戦争画などを請け負い、「公」的な役割を担っていったのに対し、ダダイストたちは近代美術の異端として、「作品」というよりはむしろ「態度」でもって時代に反応することで、「現代美術」としか言いようのないムーブメントを始めた。

松田　前衛の人たちの世間や公権力なんていう「公」に対する態度は、決して追従ではないもんね。とくに大正から昭和初期のダダイストは、実際に捕まったり拷問を受けたり、しまいには殺されたりもしているわけで。日本のアートコレクティブの代表格で、過激な運動をくり返していたマヴォ（★8）や、アートのみならずサブカルチャーの文脈でも多大な足跡を残した岡本唐貴《とうき》（★9）なんかね。彼らの「公」への態度には見習うべきところも多い。アーティストの姿勢や態度が、そのアーティストの評価につながる現代美術の世界では、彼らはむしろ異端ではなく王道だよね。

★8　ＭＡＶＯ。１９２３年に結成された前衛美術集団。結成メンバーは村山知義、柳瀬正夢、尾形亀之助、大浦周蔵、門脇晋郎の５人。自らを「マヴォイスト」と称し、作品制作のみならず、建築、演劇、同名雑誌の発行（１９２４～１９２５年まで全７号）など幅広い活動を行なった。「三科」や「アクション」といった前衛集団とも協働したが、１９２５年に解散。

★9　１９０３年倉敷生まれ。戦前の前衛美術およびプロレタリア美術運動の推進者の一人として活躍した画家。

卯城くんの話に戻すと、街から追い出される側にも街を追い出す側にもアーティストの存在があるとしたら、そうした追い出す／追い出される街の枠組みとしての「公」を変化させる自覚的な「個」の意識を持つべきなのが、アーティストなのかもしれないね。決して追従でも傍観でもなくね。そうなると、枠組みとしての「公」を変化させようとするわけだからアピールや思想は過激化するし、「個」の意識が高いから異端な価値観を持つこともいとわない。大正時代の前衛は、そんな「個」による社会変革意識が高かったとも言えるよね。だからか、めっちゃ揉めまくってんだけど破壊力抜群（笑）。１００年後の僕らにも刺さってくる。

逆に言うと、アーティストは、あるキュレーションの要請に応えることや市場での販売なんかが活動として一番の目的になってしまったとき、つまり主体を誰かに預けすぎてしまったとき、作品の破壊力を失うのかもしれない。社会やそういった枠組みとしての「公」を変える気がないから思想やアピールは過激じゃなくていいし、「個」を強烈にレペゼンするより「公」を優先するから異端な価値観なんてそれほど必要ないしね。卯城くんの言うところの、「大きな物語」に「埋没する個」。組織内での「指示待ち人間」なんかと同じ類《たぐい》って言ったら言いすぎか（笑）。

卯城　日本の大正のダダがなんだか欧米の同時代的なダダムーブメントとも異質に見える理由も、その公とかピースの破壊力への意識の差なんだよね。日本のダダは関東大震災を機にめっちゃムーブメントが活性化してるでしょ。だからなんか切迫したサバイブ感があるっていうか。

欧米のダダって無意識の領域や理解度を排除していて、めちゃめちゃストイックじゃん。けど日本のは妙に身体感や暮らし感があって、なんとなくおバカでお茶目でアツいんだよね（笑）。インスタレーションや建築で比較するとわかりやすいんだけど、たとえばドイツのダダイスト、クルト・シュヴィッタースが制作した、世界初のインスタレーション作品と言われる建築的構成物「メルツバウ」とかはとにかく無意味性に特化していてシュッとしててイケてる感じ。

それに対して、関東大震災の翌年（1924年）に開催されたグループ展「帝都復興展覧会」へのマヴォの参加の仕方と出展作品って、マジでキモそうだからね。復興のための建築的な構想を発表してるんだけど、その展示室は怪奇室だなんて騒がれて、作品は建築模型とかと言いつつ、髪の毛や新聞紙、首なし人形、垢だらけの造花、頭蓋骨の彫刻なんかを素材にしてたらしいよ。さらに震災直後に行なわれたマヴォの展覧会のＤＭには、一枚一枚に髪の毛が貼られてたって（笑）。生々しい身体性が、無機質なはずの建築に同居している。作品も狂ってて、キュレーションの挿絵にはなっていないよね。

「作家性」は本来デザインしにくいもの

卯城　そもそもの話をキュレーションやアートフェアにおける作品の存在感に戻そう。僕はこの疑問を海外のビエンナーレなんかで感じてたんだけど、松田くんは日本の若手キュレーターによる展覧会に対して感じてたんだよね。

松田　キュレーションやキュレーターの存在感に比べて、作家の存在感が希薄に感じられることがあるんだ。だから「このアーティストがすごい」っていうよりは、「このキュレーションが面白い」っていう感想のほうが多くなる。展覧会のステイトメントでは美術史なんかの引用もしっかりしていて、展覧会の意義の示し方や緻密なキュレーションを施してるのにはめっちゃ感心するんだけど、一人ひとりのアーティストをまったく覚えられない、みたいな。

さっきも言ったけど、これはキュレーターの問題というよりも参加しているアーティストの問題だと思う。けれど彼らアーティスト自身が「個」よりもキュレーションという「公」を大切にしているならまったく問題ないし、そもそも「公」を無視しすぎるアーティストはキュレーションされにくいだろうし。

卯城　僕は展覧会のキュレーションもするから、キュレーターの気持ちもよくわかるし、個人的にはそういう若手によるキュレトリアルな展示の多くは良い展覧会だとは感じてる。キュレーターは映画でいえば監督的な立場でしょ。役者が各作品だとすると、それらが配役的にレイアウトされちゃうことはある。「ここにあの作品を入れたい」「旧作であの作品はほしいな」みたいな。結果、独自の物語をガツンと「ショウ」にできていればいいわけだしね。それはキュレーションが成熟してるってことでもあるから。ただ、そういう中にハマりきらないアーティストもいるわけよ。キュレーターの手に負えない人たち。そういう作家が登場しにくくなってる傾向はあるんじゃないかな。たとえばChim↑Pomは海外でのグループ展が多い一方で、日本の芸術祭にちゃんと呼ばれたのは2017年のリボーンアート・フェスティバルのみだよ。呼ばれない理由として「Chim↑Pomを枠に納めたくない」とかって、聞いてもないのにいろんなキュレーターに聞かされた（笑）。かたやアーティストがそうやってキュレーションされたりフェアの中で理解されるとき、つまり配役されるときの最大の理由のひとつに「作家性」がある。旧作にしろ新作にしろ、どんなステージやフォームでも、「作家性」ってパワーワードが観客にとっての絶対的な信頼性としてある。この作家だからここに必要なんだ、っていう配役ね。その作品がゴミであってもペインティングであっても究極どっちでもいい。その作家がつくってる、っていうことが重要な感じ。

それは当たり前に重要だと僕は思ってたんだけど、このあいだ作家友だちの加藤翼くんが、「作家性を求める姿勢って要するにファッションじゃないか」って、面白いことを言っていた。翼くんが言うには、アーティスト自身がキュレーターやコレクターが求める「作家性のデザイン」、つまりブランドイメージにハマりすぎてる、と。「人気のブランドなら買うのって、思考停止じゃないですか？　作品単体の批評の中で、ブランドの一言で説明できる比重が大きくなりすぎると、それは市場原理にのみ込まれすぎる感じになってしまう。そうなると極論、いくらヤバい作品があっても、みんなもう気づかなくなるんじゃないか」って。

つまりそこでは、作家性＝信用経済みたいに、アーティストにとって使い勝手がいい通貨みたいなものになっちゃってるし、むしろそれに率先して依存しちゃってるから、作家自らが「破壊力のある作品をひとつつくるんだ」っていうよりも、「自分がつくるなら何でもいい」みたいな気持ちのほうに落ち着きすぎてるというわけ。

松田　とはいえアーティストは、自分の物語を紡いだり自作の連続性を人に伝えたりするためにも自ら「作家性」をデザインするし、キュレーター側もそういうしっかりデザインされた作家性を持つアーティストを選びたいよね。計算しやすいし。そのことは理解できる。ここでひとつ、自分への戒《いまし》め（笑）も含めて問題提起したいんだけど、本来デザインしにくいものを、方向性を決めてデザインすることは、良いことばかりじゃないってこと。みんなが気持ち良く使える「ユニバーサルデザイン」っていう概念もあるにはあるけれど、実現するのは相当難しいもののはず。

たとえば、障害者向けの施設をつくるとして、車椅子ユーザーと視覚障害者とでは全然事情が違うからね。前者は車椅子が通れない段差など障害物があると困るけど、後者は杖で探せる段差や障害物が必要になる。だから車椅子ユーザーに方向性を寄せすぎた「障害者向けの施設」は、視覚障害者にはむしろ使いづらい施設だったりする、と。そもそも個々に障害の事情が異なる障害者を、「障害者」としてひとくくりにするのが間違いだったりするんだけど、本来デザインしづらいものに、はっきりと方向性や内容を与えすぎたデザインには、こういったことが起きやすいんじゃないかと思うんだよ。さっきの公園の話にも通じると思う。それこそ、「公」ってデザインしづらいものでしょ。もちろん実験的に試すことは必要だけど、日本中同じようにやるってのは、それこそ大問題じゃね？　ひとつくらいカスが居やすい公園を新しくつくるプロジェクトがあってもいいと思うんだけど。まあ、絶対に儲からないだろうけどね（笑）。
デザインしづらいといえば、アートのテーマも、それこそアーティストの作家性も、本来ならデザインしたり形にしたりしにくいものだらけなわけ。それを方向性を決めてデザインするってことは、いろんな人に伝わりやすくなる可能性がある一方で、アーティスト自身がその形に縛られて、把握不可能な作品やエクストリームな作品を生み出すときの弊害になる可能性もあるよね。このことにアーティストが自覚的じゃないと、計算できる作家性を持っていたはずのアーティストがいつの間にか、つまらなくて予定調和な作家性しか持てない存在に転落、なんてことにもなりかねないでしょ。

卯城　自覚ねー。デザインしきれない多面的な個人……って話なんだろうけど、一周回って一生自覚的に同じような絵ばっかり描き続ける作家も、狂ってるけどね（笑）。

3 「にんげんレストラン」は生きていた

「みんなのスペース」に「みんな」は入れなくなる

卯城　そういえば松田くんと最初に公園の話をしたとき、その関連で「多様性」っていう言葉が都市開発のキーワードとしても多く使われていて、それがすごく嫌いだって言ってたよね。

松田　そういう人たちが使う「多様性」って、まあ根本的には善の意識からだとは思うんだけど、緊迫したものではないよね。アメリカにおける黒人の迫害といった人種差別や性差別の問題から発生した「ダイバーシティ」の概念が、差別による訴訟を避けるリスクマネジメントとして広がって、中東の紛争地域での外交なんかで用いられるのはわかる。でも日本だとそういった殺し合いになるような緊迫した場面はほとんどなくて、「多様性」って言葉だけがひとり歩きしているように感じるんだよね。もちろん多様性は大事だよ。知ってるわ。けど本当に、嫌いなモンや理解できないモンまで受け入れる余裕や覚悟がみんなあんのか？って疑問がある。多様性、多様性、タヨウ・セーイって連呼してるやつって、おまえそれ流行ってるから言いたいだけちゃうんか、と。だから平気でスラムにいるような人たち――こう昼間からストロングゼロ持って、競艇新聞にブツブツ話しかけているような歯の抜けた人たち――は、やっぱり排除されてるんだよ（笑）。

卯城　その感じってさ、どこの場所とかもう個別の問題じゃなさそうなのがヤバくない？これからすべての場所、すべての事象が、その言っときゃいいような「多様性」っていうパッケージで覆われていくんだろうなっていう予感があるよね。この前、オープンしたばかりの渋谷駅直結の新複合施設「渋谷ストリーム」にChim↑Pomのみんなで行ってみたんだけど、場所としてはさすが東急って感じのつくり込みで、いい感じ。けどそこに自分の居場所を見つけられるかっていったら、難しいのよ。

ウチら一応アーティストでしょ。なのに一人もそこに居場所はないって判断だったんだけど、ウケるのはそこが売りにしてるのが「クリエイター」だったこと。クリエイターによるマルシェやミニシアターなんかが川沿いに整備されて、ホテルのテーマは「クリエイターが住む部屋」（笑）。で、またまたデジャヴュのように再燃する疑問、「アーティストとは？」

結局、居場所を失ってビルを挟んだ向こう側の明治通りに出たら、すぐそばの場外馬券売場から小汚いおっさんたちがわっさわっさと出てきて歩いてたわけ。競馬に興味もないくせに、そっちにシンパシー感じてホッとしちゃう自分がいたたまれなかったね

（笑）。ついでに言うと、渋谷川沿いには子供たちお手製のメッセージがたくさん展示されてたんだけど、それを見たおかやんが「個と公だ」って失笑してた。

松田　おかやんウケる（笑）。渋谷ストリームの話は、トップダウンによる都市の再開発の典型的な事例だね。

卯城　この「不特定多数の善意」を動員したような、安心を前提にした「みんなのスペース」観は、たぶん今後のまちづくりの主流となるコンセプトでしょ？　それに実際「みんな」もよろこんでるから、まあ個人的には、それを逆流させるような後ろ向きなことにはもはや興味はない。だけど、根本的な問いは変わらずにある。公園にしてもそうなんだけど、これが「パブリックスペース」の現在、そして未来なんだとしたら、これまでのように「個」が集まって必要発生的に「公」が生まれる、というボトムアップ型の「公」の必要性はもはやないものとされている。

たとえばアジアって、路上に飲食店が進出しがちでしょ？　それが楽しくてアジア旅行する人も多いから、その伝統はそれなりに価値がある。僕は高円寺に住んでるんだけど、高円寺はまさにアジアの飲み屋観が暗黙の了解となって認知されてきたから、路上に飲み屋の席があふれるのが文化だったんだよね。けど、今年から急に許されなくなって、行政がバリケードみたいなポールを道のその場所に常設しちゃったのよ。結果、活気はなくなり街の魅力も半減した。飲み屋が多い高架下の再開発が目論まれてるのが理由だって聞いたけど、その再開発のビジョンもまさにスタバ的なマルシェだって噂。けど、その通りには特殊なライブハウスや雑貨屋が多くて、なんならそこは東日本のノイズ音楽シーンの重要な一翼をも担ってる。かつて渋谷のセンター街で独自のギャル文化が育ったのも、高校生が路上を自分のものにできたからで、これも完全にボトムアップな文化だったでしょ。でもいまはただの商店街になった。

日本を代表するそういう文化を生んできた当事者たちは、トップダウンのデザインによって地価が上がって居場所をなくすわけだけど、そこに新しくオープンする「みんなの場所」には「クリエイター」とか言って文化がパッケージされてるわけよ。けどね、結局その場にいられるのは、ひとつの価値観のもとに「セレクトされた市民」たち。そこにホームレスやアクティビストたちが選ばれるわけがないもん。選ばれるのは、公にとって都合の良い人たち、つまり渋谷川周辺なら「消費者」たちなのよ。そこに勝手に住み着いたり意見を言ったりするような当事者たちは、ウザいだけだから普通に警備員に追い出されるね。「多様性」の名のもと、少しでも「公」的な性質を持ったところには、「当事者」はいなくなる。

松田　街の文脈が奪われていくこの話は、「不健全」で「アジアの恥部」なんて呼ばれていた新宿歌舞伎町が「健全」な「エンターテイメントシティ」として再開発されていく話にもつながる。だから、アーティストという「個」、そして「公」の話題も交えて、ここでまた少し「にんげんレストラン」の話をしようか。そこで僕がやったひとつが《人間の証明1》っていう作品で、会場内に鎖でつながれっぱなしで10日間物乞いのみで生活をするパフォーマンス。裸に、落ちてたビニール袋のパンツ一丁から始めたんだけど、次第に施し物があふれてきて、5日目には食べたあとの皿に絵を描いたChim↑Pom非公認グッズ（笑）をつくったり、ナッツやドライフルーツを小分けにして売ったりする商売をしだして、8日目にはナンチャッテ賭場を開いたりした。最終日には所持金4万円くらい持ってて、それを全額お客さんに投げ返したんだよね。下に落ちたお金をみんな必死で拾ってたよ（笑）。

この一連を振り返ってみると、少し無理やりかもしれないけれど（笑）、僕がやりたかったのは、僕という「個」のアーティストが開く、いつもと違ったルールで動く「公」の場所づくりだったのかもしれない。誰もが参加できるんだけど、ふだん生活する場所とはルールが違う場所。その中心には物乞いをしている僕がいて、お客さんっていう「個」が差し入れを持って集まらないと成立しない「公」。成立しないっていうか、僕は飯も水もなくて寒さで凍えそうだから、必死に物乞いして「個」を動かす努力をする。つ

松田修《人間の証明1》2018年
「にんげんレストラン」会場で10日間×24時間首輪と鎖でつながれたまま生体展示される作品。ビニール袋のパンツ1枚のみを身につけた開始当初の姿。
撮影：関優花　© Osamu Matsuda　Courtesy of the artist and MUJIN-TO Production

まり、世界一クソな物乞い国王がみんなを集めて運営する「王国」のような構造を持っていた、と言うと大げさだろうか（笑）。

卯城　超住みたくないわ、そんな王国（笑）。っていっても、国王が弱者すぎるうえに民意で国王を餓死させられるって、一応民主的なのか（笑）。

松田　そうなのよ（笑）。そして、その「王国」っていうか集団としての「公」の空気をつくったりして実際に動いているのは、お客さんでもあるわけ。僕はそれを変化させようとか、動かそうとかして努力はできるけど、あくまで運営者なんだよね。首輪と鎖で、まさに「動けない」から。そうそう、僕はスマホなんかの通信機器をパフォーマンスに持ち込まなかったんだけど、SNSで拡散された現場の画像を見て、心配しすぎた元カノが施し物を持って来てくれて、イベント後に結婚してくれたっていうこともあった（笑）。あとはお客さんの買ってきてくれる差し入れで、歌舞伎町のドンキにもめっちゃ貢献したはず。お金を払ってるのは僕じゃないけど。

要するに、切迫した理由があると、誰でも世の中を無理やりにでも変える動きをせざるをえない。だからアーティストが自覚的に持つべきなのは、じつは「公」を変えざるをえないような「理由」なのかもしれない。腹減った、とかね（笑）。

「にんげんレストラン」では他にもさまざまなパフォーマンスが毎日行なわれていた。前に少し言った関優花と森村泰昌大先生の他には、逆さ吊りから骨伝導パフォーマンスまで全開だった山川冬樹さん、妖《あや》しさとやさしさが同居していた（笑）発電ポールダンサーのメガネ。Jun and naomiや切腹ピストルズなどのバンドや、モノマネ芸人のミラクルひかるさん、茶道の松村宗亮さんっていう、ふだんアートの場を中心に活動していない出演者も多数いて。にんげんレストラン内でのイベントでは、Chim↑Pomの林靖高と桜井圭介さんによる「歌舞伎町ダンスクロッシング」も深く記憶に残っている。ビル内の電気がトラブルでつかなくなって、みんなが持つスマホの明かりを当てる中で見た、暴れまくるコンタクト・ゴンゾとか。加藤翼くんたちが紐でつながれながら演奏する「にんげんっていいな」も泣けた……ってマジで全部は言いきれないね（笑）。そんななか、あえて1組挙げるならば、僕はAokidくんがやっぱり印象的だったかな。

卯城　Aokidは「にんげんレストラン」のスターになったって言っても過言じゃないね。

松田　そうそう。Aokidくんは「進化していく」ってことをテーマに、ダンスやラップやギターを使った即興作曲なんかをやってワークショップ的にお客さんと一緒になって、会期中毎日のようにパフォーマンスを行なっていた。Aokidくんは「進化」をめっちゃ肯定的に捉えたような態度で、それこそポジティブシンキングが服着て歩いてるみたいな態度で毎回パフォーマンスを進めていくんだけど（笑）。そんな、つらくても毎日ポジティブに生きていこうとする「生」の態度が痛々しくて、ヤバいものに見える瞬間があって。なにしろ会期中には、会場周辺で飛び降り自殺が多発していたからね（わかっている記録では7件）。

会場だったビルは取り壊しが決まっていて、生と対照的な死にゆくビルだし、死刑囚のラストミールがレストランのメニューだし、おまけに周りもゴミだらけだからね（笑）。Aokidくんのパフォーマンスも含めて、「生死感」が揺らぐような実践の場だったような気がする。最終日、歌舞伎町の当事者であり、エリイのパートナーであり、会場ビルの借り主でもあった手塚マキさんが、「歌舞伎町の生死感に気づかされた」と言っていたのも印象的だった。実践の場って考えると、にんげんレストランで起こっていたことのほとんどは、制限の多い場所では不可能なことばかりだったから、こうした「オルタナティブ」な場の必要性をあらためて感じたよ。古くて新しい話題なんだけど。

作家の手を離れて生き始める オルタナティブスペース

卯城　僕にとっても「にんげんレストラン」は震える体験の連続だったよ。もちろんキュレーターはウチらだったんだろうけど、内実はもうぐちゃぐちゃの体制（笑）。当初はいち出演者だったダンサーのAokidもイベントをキュレーションしだしたし、会期中エキサイトしたいろんな人たちが予定されてなかったイベントをどんどんプレゼンしてきて、結果、最後までパンパンのスケジュールになっていった。なんならにんげんレストラン自体も、やってるうちに、三野《みの》新《あらた》くんの作品《「息」をし続けている》ありきになっていったし。この作品は、サミュエル・ベケットの息をするだけの短い演目をベースにした、自分と観客の息を毎日レコーディングするパフォーマンスと、その音を光と同期させながら会場内に複数設置したスピーカーで流すインスタレーションを日々更新する作品だったじゃん。けど、にんげんレストランのビルは青空レストラン化するために開けた縦穴で一階から空が望めるようになっていて、周りで相次いだ飛び降り自殺を連想せざるをえないし、解体直前、つまり「危篤寸前状態」だったはずのビルが「息をしだした」ことも不思議だった。

　要は、作品といろんな状況とが合わさって、急にビルが活性化しだしたというか、ありありと「生と死」がイベントに吹き込まれたんだよね。で、最終日のイベントの最後の瞬間、僕らはにんげんレストランの終わらせ方として館内に流れる息の音を止めることで、ビルやにんげんレストランの息の根を止めた。あの瞬間、この作品が育って本当

Aokid《HUMAN/human/ヒューマン》2018年
「進化していく」ことをテーマにラップやギターをともなって即興作曲し、来場客と一体になって踊った。
撮影：石原新一郎

に良かったと思ったけど、まさかにんげんレストランがそんな結末になるとは、前日まで誰も想像していなかったよね。なんならそんなふうに、会期中に起きたほとんどのことが、いろんな人の手によって、状況の変化によって、アドリブ的に起きたことだった。オーサーとしてのキュレーションなんて、あってないような感じだった。

にんげんレストランとオルタナティブ性の話の流れでいうと、オルタナティブスペースにはその名のとおり、なんらかのカウンターとしての機能があるでしょ。美術館でもコマーシャルギャラリーでもなく、はっきりした性質を持ってないような、第三の公、というか容れ物。もはやここまで「公」の概念広げちゃまずいかもだけど（笑）。ただ、いま現在オルタナティブスペースって増えてるんだけど、じゃあそこで行なわれていることがはたして「オルタナティブ」なのかというと、そうでもない気がするんだよね。

つまり「オルタナティブ」がファッション化してるだけじゃない？って、こと。そこで開催されてる展覧会や展示されてる作品って、ほんとに従来の美術館やコマーシャルギャラリーじゃ展示できないものなのかな。むしろそれの二軍三軍的なことを当たりさわりなくやっていることのほうが多いように思う。例を挙げたいところだけど、それこそ「当たりさわり」ありそうだからやめとくわ（笑）。で、となると、それって何の「カウンター」として機能しているのか、って話。そのことに主催側はどれくらい自覚的なんだろうね。なんかこのオルタナティブスペースつまらない問題って、アンデパンダン展つまらない問題と同じ感じなんだよね。コンテンツっていう「個」は面白くないのに、主催者は権威を脱却した「公」を用意したつもりで満足しがちというか。

松田　美術館の二軍三軍って、公共性も権威もないスペースで、美術館的なリプリゼントをやるってこと？　それってやる意味あるのかな（笑）。それこそ僕は京都のオルタナティブスペース「ARTZONE」（京都造形芸術大学が運営するギャラリー）で個展（「リビング・メッセージ」2018年9月1〜16日）をやったからその話をしたいと思うんだけど、僕を展示に呼んだということで目的はすでに果たされていて、そこから開催までは実際、制限の嵐だったわけだよ。ドラマの殺人事件ばりの「ダイイング・メッセージ」のような体勢で、死んだふりをしながらイミテーションの血で文字を描いて来場者と会話する《リビング・メッセージ》というパフォーマンスを中心に展示することは前々から決まっていて。ほかに、麻原彰晃のインタビューを切り貼りして、彼が「生まれて、すみません」と謝罪する新作ビデオ作品を予定していたんだけど、開催直前に運営側から出展拒否されたんだよね。

卯城　それも結局「作家性」の話だよね。松田修というリスキーなアーティストを呼んだということで、主催者はもう計算できる「作家性」を手に入れてしまっている。でも、そこで行なわれる展覧会ではリスクを取りたくない、もしくはリスクを計算したくないわけでしょ。てか、松田くんをキュレーションした学生たちは必死だったし、大学のクソみたいな先生から検閲されるたびに彼らが泣いてたのも知ってるから、こういうことをあらためて言うのも気まずいけども。

松田 気まずいけれど、言いたいことは言っておこう（笑）。もう展示自体できないんじゃないかっていう瞬間もあったよ。熱意ある学生たちや、スタッフにいたアーティストの伊東宣明《のぶあき》くんも助けてくれて、開催のゴーサインはもちろん自分で判断したから、後悔のない展覧会にはなったよ。けど、そもそも学校関係者はファリック・アート（男性器をもとにしたアート）はまずダメだと言ってたね。この京都個展の2カ月前には、同じく「オルタナティブスペース」を名乗る広島の「コア」でファリック・アート全開だったから、違和感があるかと言われればあるよ。ちなみにそれって、Chim↑Pomの水野くんと対面スクリーンでチンコを互いに押し付け合うようなキャッチボールをするビデオインスタレーション作品、《さよならシンドローム》ね（笑）。

卯城 でもそのファリック・アートは松田くんのアイデンティティでもあるわけじゃない。他人が求めている松田修の作家性から、自分の作家性が都合良くズラされてしまう。

松田　会場は外から展示内容が見えるガラス張りの建物で、入口のドアガラスを葬式で使う鯨幕《くじらまく》で覆う演出もあったんだけど、それも会期直前に「普通の葬式と思われたら困る」ということで、ガラスに白のカッティングシートを貼って中が見えないように全部閉じられて。ほかにも、作品との関係で入口からパフォーマンス現場まで血糊の足跡をつけたら、それが外から見えるからっていうことで拭かされたりとか。オルタナティブスペースと言いながらこんな感じか、とは思ったよ。

本来、オルタナティブスペースなんかは既存の「閉じた公」からオルタナティブな「開いた公」へと向かって発生すると思うんだけど、現状は公園と同じく閉じた方向へと動いていて、新たな「公」としてはあまり機能してない状態だったりする。つまり、内実が表札とは違った内容や構造になってる場合があるのは事実。「公園」しかり「オルタナティブスペース」しかり。けれどそういった「公」の性質を見極めて、そのうえで「個」を発揮していくこともアーティストの重要なスキルなのかもしれない。あまりにも「公」に自分の作家性がズラされるようなら、やらなきゃいいしね。マジで。やる意味ないでしょ。

松田修《リビング・メッセージ》2018年
死んだふりの人間がフェイクの鮮血を通じて会話することで「死んでいるように生きる」ことを暗喩する生々しいメッセージ・パフォーマンス。「リビング・メッセージ」展（ARTZONE、2018年）にて。撮影：荻原里奈
© Osamu Matsuda　Courtesy of the artist and MUJIN-TO Production

4　公化する個、個化する公

「ホワイトリスト」に入るほうが不名誉

卯城　松田くんも遭遇したそういう検閲は、主催者にとってはもう通常営業になったのかな？　彼らの罪悪感も年々薄まってるのかも。Chim↑Pomは2015年にキタコレビル（東京・高円寺）でウチら自身が経験した自主規制や検閲をテーマにした展覧会「堪え難きを堪え↑忍び難きを忍ぶ」（2015年8月7〜15日）をやった。組織人である主催者はもとより、規制を受け入れ続けてきたウチらみたくクソみたいなアーティストにも問題がある、って、その妥協の軌跡をChim↑Pomの黒歴史として回顧した。アーティストって別に組織の事情とはまったく関係なく活動できるでしょ？　だから社会がどうであれ関係ない。アート従事者としてアーティストは、検閲や規制のドミノ倒しの最後の砦だし。

それで、これまでしてきた「公と個」の話にもつながる面白い例がまたひとつあって。今年、韓国のビエンナーレに参加した際に聞いた話。朴槿恵《パククネ》が大統領だったとき（2013年2月〜2017年3月）に政権がアーティストのブラックリストをつくってたっていう話、覚えてる？　けっこうニュースになってたやつ。それってじつはブラックリストだけじゃなくて、「ホワイトリスト」もつくられてたって噂があるんだよ。複数のアート関係者から聞いたんだけど、もしこれがホントのことだったら、ブラックリストより不名誉じゃない？（笑）ていうかフェイクニュースだったとしても、そんな噂が持ち上がって盛り上がる時点で、そもそも「ホワイトリスト」的なアーティストへの失笑が大きかったたってことじゃん。それにこれって、オリンピックや万博やらの国策イベントを前にした日本のアートにこそブーメランで返ってくる話だよね。

松田　アーティストのホワイトリスト（笑）。世の中にアジャストしてる気でいたら、いつの間にか公権力の子飼いにされてたって、あわれすぎるわ。前からの話の流れだと、真っ先に藤田嗣治が浮かんだよ。絵も白いし（笑）。彼は戦時下に陸軍美術協会の理事長を務めたりして「ノリノリで」絵を描いてる。多くの文化人が逮捕されたり拷問を受けたりしてる最中、ね。逮捕された中には藤田の同級生や友人もいる。逮捕されて変節した文化人も多いけど、藤田は変節もなにも、一貫して政府側のアーティスト。

藤田は戦後、洋画家の宮田重雄から朝日新聞上で「美術家の節操」と題した文で批判され、日本美術会からは「戦犯」として活動自粛を勧告される。そして渡仏した藤田はのちに、「国のために戦う一兵卒と同じ心境で描いたのになぜ非難されなければならないのか」って手記に残して日本への恨み節を炸裂させている。藤田からすればスケープゴートにされた思いもあるだろうけど、拷問されてる人もいる中で甘い汁吸ったんだし、非難は仕方なくね?と僕は思う。そこまでして作品を残したかった藤田を尊敬する部分もあるけど、正直アーティストの態度としては疑問符もつく。それでも、戦後もっともリバイバルしている作家は藤田だったりするんだよ。だから日本ではナチスのプロパガンダ展、「大ドイツ芸術」展の状況が続いたまんまじゃねーか、って言ったら言いすぎか。けれど、国策や検閲に従いすぎる、つまり公に寄り添いすぎるってのは、やっぱりアーティストの態度として尊敬できないよ。利用してカウンターくらわすくらいのアーティストがたくさん出現する世の中であってほしい。東京オリンピックや大阪万博の注目ポイントはそこだと思う。僕に大阪万博の仕事来ないかな? 来ないか(笑)。

卯城 来るわけないじゃん(笑)。でもいまは先の大阪万博の開催当時よりよっぽど難しいでしょ。岡本太郎みたいなピュアな個による公への介入は。だからといっていまの個はエクストリームではないのかというと、そうでもない。個は昔よりも自分の趣味やアイデンティティをさらけ出したまま生きられるようにはなった。ジェンダーであれ、政治性であれ、文化であれ、性的嗜好であれ。すべてのマイノリティたちが一人で孤立したり趣味性に妥協したりせずに、細分化されたジャンルの中で、エクストリームなまま生きやすくはなってるしね。そういう意味では、いまは空前の「個の時代」であるとも言える。

松田　そこで言う「個」って、もはや「個」って言えるのかな。それよりプライベート（私）って響きに近くない？　趣味性を優先するならば。ネットで誰かとつながることが容易になったぶん、自分の居場所も見つけやすくなったよね。考えが合わないような場へ無理やりアピールしに行かなくてもいいし。結果、衝突も少なくなるし。雑誌の世界でも、趣味性の強いＺＩＮＥや同人誌なんかは以前より存在感を増した印象があるね。

卯城　なるほど。「個」（インディビジュアル）と「私」（プライベート）の違いはありそうだね。みんな「私人」として、プライベートで同じ趣向を他人とシェアしやすくはなっている。昔みたいに、個人か、それとも大きな公か、っていう時代ではないよね。自分の「フォロワー」をつくりやすい時代、と言ってもいいけど、公と個人とのあいだにクラスタがある。それはアートでも一緒で、最近は展示スペースがかなり細分化されてきて小さいのが増えてるじゃん。問題意識が合う仲間たちとその場所で小さなシーンをつくれるようになっている。「世の中」って大きな場所に自分のマスターピースをブチかますぞっていう旧来のやり方より、クラスタ内でヤバいと言われることをやってやる、って若手は増えてると思う。たしかにクラスタ内のほうが共通言語もハイコンテクストで、センスもひとつの価値基準に特化して尖るから、マニアックな面白さには磨きがかかる。その種がいつかクラスタを超えて大きなシーンに影響を与えることだってもちろんあるし。それに、検閲や干渉、パンピーへの翻訳みたいにマスに付き物なウザいコミュニケーションが面倒だと思うなら、そもそもメインストリームに関わる必要だってないわけよ。「他のクラスタにはわからなくても別にいいんです」って割りきりもあるでしょ。それはそれで革命的なことだとは思うんだよね。

松田　それぞれのクラスタやコミュニティ内にスターが出現して、世間でまったく知られてなくても、そのクラスタ内でウケたりすればお金も儲かるようになってきたしね。ユーチューバーなんかもそうだよね。もはや「日本一」や「世界一」、「超一流」とか「トップなになに」とか、これ全部目指すべきものじゃなくなって、逆にこんなこと言ってたら嘲笑されるような時代になっていくのかもしれない。

「個化する公」のグランドオープンが続く

卯城　ただ、一人ひとりが他人との価値観のシェアをクラスタやコミュニティ内で実現できるようになって、その外に広がる大きな「公」にアプローチしなくなったことで何が起きたか、ってのも重要。それはつまり、個人だけじゃなくて公も大きく変化し始めたっていう事態。言うなれば、「公」が「個」化し始めた。もちろん原因はいろいろ絡み合っての帰結なんだろうけど、細分化してバラバラになった個人たちが小さな居場所を得たぶん、自分たちの所属するもっと大きな枠組みにはアプローチしなくなったでしょ。めんどくさいから。これってつまり、たぶん「個」の「私」化。一人ひとりがパブリック（公共）の中で「個が立つ」存在でいるよりも、そこから距離を取って、「プライベート」で完結する私的な存在になりやすくなったってこと。で、まずは政治でいったら、公権力はわかりやすく私物化された。権力の監視や政治参加がオワコン化したぶん、安倍政権は異論や議論をシカトしてやりたい放題に国会を運営できるようになったでしょ。公文書の改ざんなんかもまさにそれ。公的財産が誰かの判断でコントロールされる状況が目立つようになった。

松田 「個の私化」が「公の個化」を招いたわけね。自分の時間を使ってまで選挙に行きたくないってのは、まさにそうか。個化する公の流れでいうと、悪代官の采配みたいなわかりやすい「権力の私物化」とは違うけど、図書館で本が廃棄されたり、東大の食堂で宇佐美圭司の巨大絵画が廃棄されたりとか、これも同じく公的財産が誰かにコントロールされたケースじゃない？　公文書改ざんと違って悪意がないのが逆に新鮮だけど。たぶん、廃棄した当事者自身が、「公的財産は個ではなく公によってコントロールされるべきだ」って理念自体を失ってたんじゃないかな？　パブリックアート的な美術作品を公的財産だと思ってもいなかったのかもしれない。つまり、個が公に関心を持たず不慣れになったことが招いた、個による公的財産廃棄の「うっかり」ケース（笑）。

卯城　あと、公権力とか国公立大学みたいに「昔から制定されている公」とは違う舞台でも、「個化する公」は生まれてるじゃん。さっきからウチら、アート・バーゼルによるアートフェアとか東急による広場とかの話をしてるけど、これ、人によっては「それ、そもそも公（立）じゃなくて民（営）だから」って棲み分けかまして一蹴できちゃう話でしょ。まあそりゃそうなんだけど、自分の感覚として、そんな理想的な棲み分けっていまも成立するのかな？っていう違和感がある。だって、「民」営化してる「公」園に、ウチらは居場所をなくしたわけでしょ。電通が主体となって運営する公園と、東急が再開発する広場は、税金投入の有無に関係なく性質は同じ、ぶっちゃけ地続きな話じゃん。

　で、そう考えると、巨大化した不動産会社や広告企業が公共「のような」空間を運営する際の「公のポリシー」っていったい何？って話。どんなに表向きに「公」っぽくその場をアピールされても、結局その「公のポリシー」は企業のコンプライアンスの範囲内だし、企業のリスクはそこに含まれないもん。だからイレギュラーな個はおのずと排除される。つまり、企業の個々のポリシーに基づいた公。そんな「個化した公」のグランドオープンが相次いでるのが、東京オリンピックを前に戦後最大級の再開発が急ピッチで進行しているいまの東京の姿だと思うわけ。これ、コマーシャルなメガギャラリーがでかくなりすぎて次々と美術館化してるいまのアート界の状況とも同じだと思うな。

松田　つまり、いまの「個化する公」は、「権力の私物化」みたいな何世紀もくり返されてきたお馴染みの現象にくわえて、あえて言うなら電通主体の公園運営でいう「公のポリシーの民営化」という事態もあるってことね。それにくわえて、東急が再開発する広場のような、個が公共性をうたう「個による公」もある。そして、「権力の私物化」と「公のポリシーの民営化」、「個による公」は「開いた公」ではなく、同じようなターゲット層のみを想定した「閉じた公」としてそれぞれに通底しているってことか。

なんとなくテキトーな予測だけど、その当事者たちはこれまでの人生の中で同じくらいの学歴の人たちと同じくらいの経済力の人たちに囲まれ、その範囲の中でしか「公」を想像できなくなってるって可能性はないかな。私立中高一貫校育ちのエリートなんかで。そうなると、会ったこともない人間たちを想像することなんてできなくて、自覚もなけりゃ悪意もないって認識も理解できるな。いわば「公」の運営者たちもクラスタ化してるというか。ならば彼らの出身校は修学旅行でオーストラリアとかじゃなくて、メキシコなんかのスラムに行くなんてどうだろうね、って妄想混じりの冗談ですけど。

卯城　そうだね。「権力の私物化」はトランプやプーチンなんかにも言えるだろうし、企業が行なう「個による公」はなんならいまはもう、グーグルやフェイスブックといったネットのプラットフォームにも言えている。

松田　というか影響力や支配力っていう観点で見ると、ＧＡＦＡ（Google, Amazon, Facebook, Apple）なんかは僕らの生活から得たビッグデータの持ち主たちで、もはやアメリカ合衆国を超えた一大帝国という「公」の運営側だよね。悪用しようと思えば何でもできちゃうし、なんならＣＥＯを選ぶ取締役会に参加させてほしいくらいだよ（笑）。

卯城　それより全世界で選挙してＣＥＯを選ぶべきなんじゃない？　世界中の個人データの保管者なんだから。でもね、一企業が巨大化して公化する「個による公」自体は、べつにいまに始まったわけじゃないでしょ。ニューヨークの美術館を例にするとわかりやすいけど、そのほとんどがコレクターの財団化したミュージアムばっかじゃん。MoMA（ニューヨーク近代美術館）もグッゲンハイムもホイットニーも。企業が公化してつくられた日本の新しいパブリックスペースや民間委託された公園も、その新自由主義的な展開を表層ではなぞっているんだけど、忘れちゃいけないのは、ニューヨークではそういう私立美術館が「公」として市民に認められるために、むしろ公立美術館以上に「公」としての役割を果たそうと「開く」努力をしてきたそのプロセスなんだよね。超歴史的な芸術作品などの公的財産を管理し、公共空間として認知され、市民にリスペクトされたうえではじめて自分たちを権威化できるわけだから。

で、そのためには、市民による美術館内外でのデモや炎上だって受け入れなきゃいけないし、アーティストによる過激な表現や「ミュージアム・インターベンション」(美術館への介入)も受け入れなきゃいけない。市民と過激なアートっていうこの2つの要素はぶつかり合って炎上することが多いからハイパーバランスなんだけど、どちらにせよ権力を持たない個人による、ちょっかいや「乱し」、つまりある種の「公の私物化」をあえて肯定するわけよ。そういう、「なにかコトが起きる」こと自体を「公のポリシー」として認めているから、公と個の両者がぶつかったりなんかで議論があるのは前提なんだよね。むしろ、「個」の積極的なちょっかいこそが「公」のキャパシティを育て、その対応によって私立美術館が「公」と認証されるってわかってるから。

でも日本では「なにもコトが起きない」こと自体が「公のポリシー」になり代わってる風潮があるでしょ? さっき松田くんが言ってた「閉じた公」はまさにそれ。テレビ各局では「コンプライアンス」の名のもとに自主規制が横行するし、街(公)を「私物化」する好例だったはずのグラフィティは、デベロッパーによって与えられた壁に安全に描かれるようになってるし。つまり、公にちょっかいを仕掛けるアーティストや、デモなどを通じて公にアプローチする個の存在感が激減し、その代わりに激増したクラスタに個人が「私」としてプライベートな居場所を見いだして閉じこもってしまった。それで「公」なんて育つはずがない。

松田　とはいえ、日本の社会やアートシーンにも、「ポリコレ」（ポリティカル・コレクトネス）やネトウヨによる炎上っていう「個」のアプローチは蔓延してるでしょ。

卯城　うん。でもそれって、デモみたく路上のフィジカルな行為じゃなくネットのタイムラインを土壌にしてるじゃん。それにそもそも炎上「祭り」だから、議論の消費が早いんだよね。結果、投票率にはつながらなくて公権力には響かないから、権力の私物化はデフォルト化してる。けど企業はクレームを恐れるじゃん。議論も避けるから、異論が来る前に先回りして、コンプラ内の公のポリシーをさっさと確固たるものにしちゃうでしょ。でもそれって結局、流行りの「多様性」までを範囲に設定されるものだから、そこに想定されない不審者・不審物、過激な作品などは、もうハナから出る幕がない。

松田　そうなると、さっき言ったアーティストによるインターベンションや問題提起なんかは、ただの個による勝手な振る舞いとして解釈されちゃうしね。やる意義が理解されてないからもちろん尊敬なんてされないし（笑）。

「あなたはアーティストにふさわしくない」

卯城　そこに風穴を開けてやろうと目論む態度を持つ「個」こそが、これまでのひとつのアーティスト像だったと思うんだけど、最初から話してるとおり、残念ながらそれはかなり特殊な例になっている。いまは、そういう抵抗から逸脱してクラスタ化するか、オリンピックなどの「公」やアートフェアなどの「個による公」の波に乗っかるか。それがアーティストのひとつのマジョリティになってきてると思うな。整備された巨大なシーンに乗るか背くかの話でいうと、やっぱアートマーケットがわかりやすい例で、たとえば中国の場合、マーケットが日本よりもさらに巨大だから、アプローチの仕方はもうマーケットありきになっている。つまり売れればいいっていう発想が強くて、アーティストが前作と今作とで全然違うものをつくってもＯＫっていう風潮ができつつある。そこには作家性も個性もない。

松田　で、作家性も個性もないそいつらは「アーティスト」なのか？っていう。

卯城 そうそう。まるでクライアントのために作品をつくるデザイナーのような。アイ・ウェイウェイ（艾未未）がそういう感じをステイトメントでディスってたよ。アイの知り合いの若手アーティストによる「You are not fit to be an artist」（あなたはアーティストにふさわしくない）ってタイトルの展覧会が2年前に中国であったんだけど、アイはそこに同名の辛辣《しんらつ》な手紙を寄せていた。内容がヤバすぎてそのアーティストはむしろあえてそれを展覧会のステイトメントに転用したらしい。「中国の若者は流行りの価値観の犠牲になっている、ただの社会の商品になっている……現実のことに関心がない！　だからその作品には力がない！……おまえは芸術家に向いていない！　中国の多くの芸術家になりたがる人はじつは一般人よりも下……」とか。ヤバいよね（笑）。これ、友だちがプロデュースしてたから知ったんだけど、一般的にはあんまり周知されてないんだよね。中国では検閲が激化してきているから、展覧会の情報もそれほど多くは残っていない。

松田 アイ・ウェイウェイ辛辣（笑）。クライアントワークやコミッションワークのみの活動になってくると、たしかに「アーティスト」としてどうかなとは思うよね。職業画家的な態度よりも、アーティストが主体的に作品を制作する態度のほうを、僕も「現代美術」として評価する。これは、藤田にも当てはまる話だね。まあ、僕にはクライアントがそんなにいないってこともあるか（笑）。

卯城　（笑）。もちろん場所とかニュースとか歴史とか、アーティストが自分の外の事象にインスピレーションを得るのはよくあることで、だから何か〝ありき〟でつくること自体に異論はないよ。でも、だとして、その動機を自分の内じゃなくあまりにも外に求めすぎというか。それも、マーケットやクライアントありき、ってことでしょ。そんなのが行きすぎると、それもうアートじゃねーじゃんって。

松田　それはそうだね。アートの個展ですら、「呼ばれるための個展」化しているような現状はあるかもしれない。アーティストがそもそも社会の中でどういう存在でどんなことができるのかを示すよりも、アートシーン内でのキャリア優先で、大きなイベントや展覧会に引っかかるためにやる、みたいな。いまの社会よりも、目の前のアート関係者に向いたモチベーション。その背景には、何年何月っていう恒例行事的にバーゼルのアートフェアがあったり、ニューヨークでアーモリー・ショーがあったり、ベネチアでビエンナーレがあったりって、世界でも日本国内でもアートイベントが整理され定着してきたってことがあると思う。そこからはみ出すよりも、そこについていったほうが影響力が出たりするくらいには。そして、アーティスト志望の多くの美大生が憧れるのも、そういった「グローバルな場所で活躍するアーティスト」だったりするんじゃないかな。

卯城　とはいえ、結局いろんな問題が起きてくるわけよ。さっき松田くんが言ってたARTZONEの話じゃないけどさ。たとえば外務省の外郭団体である国際交流基金は、彼らがサポートする海外での展覧会には規制があることを作家たちに露骨に言ってくる。Chim↑Pomもその当事者で、2014年のアジアン・アート・ビエンナーレに参加した際、キュレーションされた作品の《気合い100連発》（★10）に出てくる「放射能」「福島」って言葉がNGワードだって直接言われたもん。「慰安婦」もだって言ってたし、その規制が安倍政権になってからだってのも直接聞いた。同じような経験をしてる何人かに聞いたところ、みんな直接言われてるんだよね。メールなんかで明文化しないってリスク管理も徹底してる。

★10　東日本大震災直後の福島県相馬市で、瓦礫の撤去を続ける若者たちと円陣を組み「復興がんばるぞ！」「彼女ほしい！」「放射能最高！」などと気合いを100発すべてアドリブで入れ続けた映像作品。

さっきの「堪え難き」展ではその話をベースに再編集した《堪え難き気合い100連発》っていうセンサーシップド・バージョンをつくったんだけど、じつはそれが今度グッゲンハイム美術館に収蔵されるから、意外にも結果オーライというかラッキーというか。一周回って国際交流基金によるChim↑Pomへのある意味ナイスな「サポート」になった（笑）。でも、「堪え難き」展を開催して以来、やっぱりウチらはそういう組織とは組めないと確信したね。それ、向こうにとっても同じだろうからウィンウィンなんだろうけど（笑）。

松田　たくさんあるアーティストのサポート機関や展示場所、イベントに接続するのはもちろん各アーティストの自由なんだけど、その都度当然のようにセンサーシップがあったりする。結果、いろんな場所でブラックリストやホワイトリストもできてくる。だからアーティストのキャリアはもはや履歴書のように「どこの美術館でやった」とか「何々のコンペに通った」だけでは本当は測れないよね。けれど若いアーティスト、とくに若い学生なんかがはじめからローカルな活動だけを望むわけがないし、大きな展覧会を望まないアーティストはいない。ここにアーティストがジレンマを抱えるポイントがある。過激さを信条とするアーティストが目指す場所って、いまの日本ではとくに設定しづらいんじゃないかな。

　でもね、公権力や大企業、それにアーティストを選ぶ側なんかが、過激だったり自分たちに都合の悪いものを排除することもいとわない、閉じた「個化した公」になっていくならば、それに対抗して社会

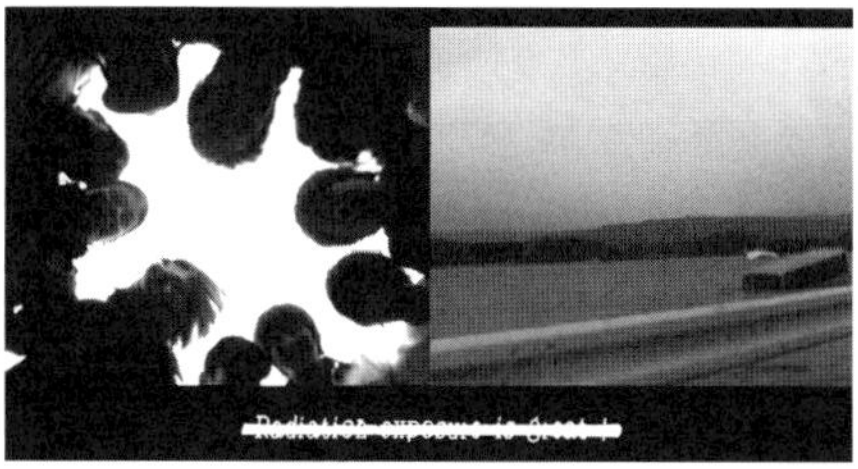

Chim↑Pom《堪え難き気合い100連発》2015年
《気合い100連発》に対する検閲を可視化した作品。展示主催側の求めに応じて「放射能最高！」といった掛け声が消されている。
© Chim↑Pom　Courtesy of the artist, ANOMALY and MUJIN-TO Production

を変えることができる存在は、やっぱり「エクストリームな個の振り幅」をつくれるアーティストなんだと思うんだよね。趣味や欲って「私」を超えて、社会や世間っていう「公」を開いていく実践を行なえるっていうか。そのための場所は、僕はローカルでもグローバルでもどこでも可能だと思うよ。なぜなら本物の「アート」は一瞬バズったりして消費されるのではなく、むしろ消費期限がないようなもんだからね。長い目で見たら、フォロワー数って観点でもヤバいでしょ。ダ・ヴィンチやデュシャンなんていまだにフォロワー数を増やしてる(笑)。けどまあ、「にんげんレストラン」のような場所が、多発的に、そして常設的に存在するようになったら話は全然違ってくるんだけど。

卯城　たしかに！「にんげんレストラン常設化」目論もうかな……。ただ、アンダーグラウンドの開発と同時に、せっかく整備されたインフラであるところの、コマーシャルギャラリーやビエンナーレ、フェアや美術館などといったメインストリームのいろんなフォームの中で、その都度できることとできないことを判断し、その性質を利用し、ズラしたりして挑発することで、「個のエクストリームの振り幅」を幅広く見せていく、っていうのもひとつのあり方だけどね。

緊迫した現実が「多様性」をつくる

卯城　たとえば、さっきの多様性とコミュニティの話なんかも肝はその構造だと思うわけ。2019年にChim↑Pomがマンチェスターでのフェスティバルに招聘《しょうへい》されるから現地で何度かリサーチしてるんだけど、そこでは多様性がやっぱ緊迫した問題になってるんだよね。日本の状況としては、クラスタやコミュニティが個人の居場所になる代わりに、個による公へのアプローチが減って公が個化するって話したじゃん。「権力の私物化」というレイヤーでいったらトランプが出てきたアメリカやボリス・ジョンソンの影響が増すイギリスも同じなんだけど、でも、多文化社会ではその先にもう一段階ある。

マンチェスターでもさまざまな人種のコミュニティがひとつの小さな町の中で実際に分かれて存在してるでしょ、アフリカ系とかジャマイカ系とかインド系、中東系とか。イギリスの場合は昔の植民地支配の結果なんだけど。で、そうやって住み分けてればいいじゃん、ってことにはならないわけよ。それらのコミュニティが混じってひとつの大きな「公」をつくらなくちゃいけない。それをサボると差別だ暴力だってガチでヤバいことになっちゃうからね。だからコミュニティに公への参加やアプローチがすごく求められている。

たとえばシアターひとつとってみても、隣接する複数の地区が運営に携わる仕組みになっているし、なんならそのシアターの増築案ですら、各人種ごとの地区から招いた若者たちが会議してコンセプトを決める。今回のフェスティバルでも、リサーチ段階からいろんな人種のファシリテーターやLGBTQ+のインフルエンサーとのミーティングがセットされたよ。つまり多様性を第一義的に考え、雑多な人々の参加や意見を取り込むことで、ひとつのフェスをつくろうとしているんだよね。まあ僕から見ると感銘も受けるけど、と同時に、結局それっておのれが昔やった植民地政策が招いた結果じゃんって、多様性を人一倍うたう白人のギルトの根深さも感じちゃうんだけど（笑）。

松田　そういう社会では多様性ってことをガチに言わないと暴動とか殺し合いが始まっちゃうような現実があるからでしょ。前にも言ったけど、アメリカで「多様性」が広まったのは、善意からではなくそういったリスクマネジメントの必要からで。僕が嫌いなのは、日本で「多様性」って言葉が使われるときに「みんな違ってみんな良い」みたいな小学生でもわかるような論理が出てくるけど、現実には本当の意味でそれを突きつけられてないじゃない。いま、身体障害者が電動車椅子に乗るときの飲酒を禁じたルールが法的効力はないにせよ障害者差別にあたるとして問題になってるんだけど（警察庁公式サイト「電動車いすの安全利用に関するマニュアル」）、彼ら障害者やマイノリティが怒るのは、ルールで厳しくする行為に対してというよりも、当事者である彼らの意見を聞きにいこうともしない態度に、なわけ。で、ヤフーニュースのコメント欄はマジョリティによる障害者のディスにあふれてんの。当事者の事情やリアルな話なんて、本音はどうでもいいわけよ。「みんな」は。

卯城　べつに知らなくてもいいんでしょ。クソだね。

松田　マジクソ！　だから、緊迫した理由もないのに、ただ善的に「多様性がないとダメだよね」って言ってる現状に腹が立つんだよ。その「多様性」、マジで実践する気ないやんけ！って。

卯城　多様性が必要なのって、個やコミュニティがリアルに公に参加する必然性があってこそだからね。日本は逆でしょ。「個化した公」は、そこに他の個の主体的な参加なんて求めるつもりないじゃん。求めるのは消費者と労働力だけ。なのに「多様性」を安易にスローガンにする。入管法改正（2018年）もそうじゃん。移民じゃなくて「外国人労働者」としか呼ばない。彼らに政治参加とかの労働力以上のことなんて望んでない。

べつにマンチェスターのほうがいいって言ってるわけじゃないよ。でもあっちの多様性はマストだからアクティブ。公への参加を求められるから、個やコミュニティも大きな「公」について意識的にならざるをえない。日本は個による公へのアプローチが減って個と公が分断されたかのように見えるけど、公がエクストリームに個化して「権力の私物化」が起きた結果、逆に公による個への介入は激化してるじゃん。検閲とかね。じゃあそれに対して個はどうすんのかっていうと、どんどん公の描く物語の「挿絵」として機能し始めるか、俯瞰して静観する。これが起きてる現場が、もうひとつの「個化した公」、つまり企業が設計する広場や公園など「個による公」に集まるマジョリティたちなんだよね。「代替可能な個」になって当事者から逃れることで、めんどくさい議論からも逃れられる。で、これ、一般市民だけじゃない。無意識のうちに、アーティストさえもそうなっている。

そうやって、個性尊重の建前が力を持っていた、戦後民主主義をベースにした「個の時代」から、「一億総活躍」とかナゾのスローガンのもと個たちが肩を並べて公を尊重し、検閲もまかり通る「公の時代」になったと感じてるから、僕と松田くんは戦後よりも戦前のアートにシンパシーを感じているのかもね。

松田　それはあるかもしれない。あとは僕らが均一化されにくい、身も心も芯からカスってこともあると思うけど（笑）。そして、いまの公尊重の「公の時代」って、「私の時代」とも言えないかな。さっきも話したけど、「公」に対して「個」として影響を与えるよりも、「公」に与えられた範囲内で「私」として趣味なんかに時間を費やすことがむしろ幸せに感じられる時代というか。アーティストに代表される多くの表現者も、個々がある程度儲かったり、クラスタ内での評価が高まったりすることだけで活動が収束していくというか。それもあってか、他ジャンルや多文化への積極的なクロッシングも行なわれなくなる。そういえば、にんげんレストランでも、出演者の三野くんやAokidくん、あとは涌井(智仁)くんまでみな一様に「演劇の関係者があまり来なかった」って言ってたよね。で、卯城くんが言うようにさまざまなレイヤーで「公の個化」はどんどん進んでいく、と。クソやばい地獄じゃないか。

卯城　だからエクストリームなままの個やクラスタやコミュニティがクロッシングして混ぜ合わさったリアルな多様性イベントって、ほんとは逆に望まれてるんだけどね。さまざまな違いからひとつのものをつくろうとする姿勢自体はわかるじゃん。むしろ端的に言うと、現在のあらゆる国際展の基本姿勢ってそれだとも思うわけ、前提が。難民や移民やジェンダーや国籍のバランスが、出展者の割合やテーマ設定として必ず求められてるし。けど、あらゆるジャンルの人や問題をバラバラなままひとつの枠組みに集めても、ひとつのイシューには結実しないでしょ。だからキュレーションによってそうした問題をなんとか人類共通の認識で考えようとする。

世界でいま何が起きているのか、世界とはいったい何かっていうのを、いろんなキーワードからたぐりよせてひとつの展覧会で見せていくことをキュレーターは考えている。それは必要な作業なんだろうけど、やっぱり現実的にはその過程で無理が出てきてしまう。だって世界はマジでまとまらないしグチャグチャじゃん。最初から狂ってるし（笑）。加速する情報化とグローバリズムによって年々それが露《あら》わになってるから、ワンパッケージじゃ追いつかないよ。世界中から100人前後のアーティストを集めればそれで世界を見せられる、というわけでもないし。複雑なものを無理やりまとめようとすると、どうしてもフワッとした抽象的な展覧会になるし、テキストベースの難解なものになっちゃう。

それに欧米の国際展で見るアジア・アフリカのアーティストの多くが、当の欧米に住んだり留学したり、欧米をステージに活躍してるって例がよくあるでしょ。参加作家一覧が一見多国籍に見えても、じつは翻訳力のスキルでリストアップされてる場合も往々にしてあるし、ていうかそもそもその翻訳自体がワンウェイなわけ。無数の言語から英語への。欧米の国際展でうたわれる「多国籍＝多様性」の背後に、「英語への画一性」があることが多々ある。

松田　とはいえ僕もミーハーっていうか、欧米で活躍するアーティストが参加するフワッとした国際展にはワーキャーしちゃうんだけど（笑）、たしかに細分化し多様化する世界を本当に知れた気にはならないね。

卯城　それについては、去年イスラエルのキュレーターから聞いた話がある。どんな関わり方だったかは知らないけど、前にドクメンタ（★11）をやったというその人の友だちのキュレーターの感想が面白いんだよ。ドクメンタをやった経験から、やっぱりいちキュレーターやひとつのチームが世界全体を見せる国際展のあり方に無理を感じたんだって。で、逆に、国別のパビリオンがあるベネチア・ビエンナーレに期待してるって。一個一個のパビリオンがバラバラに完結してればいいわけだから、世界全部をまとめなくてもいい。たしかにそれもひとつのアイデアだなとも思ったんだけど、前回のベネチア・ビエンナーレも面白くなかったらしいからどうしたもんかって……（笑）。

★11　ドイツのカッセルで1955年以来5年おきに開催されている、ベネチア・ビエンナーレなどと並ぶ国際的な現代美術祭。第5回（1972年）のハラルド・ゼーマン以降、芸術監督の制度が導入され、毎回のテーマとすべての作家を芸術監督がキュレーションする。

松田　「形式と制度」の話ってアートの世界でよくあるじゃない。簡単に言うと、絵画や彫刻っていう形式とか、ホワイトキューブや歴史文脈、美術館っていう制度とか。「国際展のあり方」っていうのも制度の話だと思ったんだけど、僕も卯城くんも形式や制度とかを利用することはあっても、それ自体を盲信したりはしないよね。それに沿うことが

「ドクメンタ14」2017年
メイン会場のフリデリチアヌム美術館（ドイツ・カッセル）。左はアルゼンチンのアーティスト、マルタ・ミヌジンが発禁書で構成した《本のパンテンオン》。この広場では実際ナチス時代に焚書が行なわれた。
撮影：J.hagelüken　Licensed under CC by-sa via Wikimedia Commons

アートだとは思っていない。だから言えるのかもしれないけど、世界の細分化や多様化に、既存の形式や制度が追いつけなくなるなら、やっぱりアーティストはそれに無理やり合わせるのではなく、それを壊すべきだよ。せめて問い直すって作業が必要じゃないかな。

卯城　みんな制度や形式なんてフワッと捉えてるだけじゃない？　実際知らないじゃん。世界のことも、大正のことも。僕もまったく知らなかったし。てか、それこそまさに大正期に制度や形式への違和感や批判をトピックにしてヤバいやつらがヤバい歴史を始めたわけじゃん。アートは制度でも形式でもなく、「態度」だっていう。

松田　でも言うやつは言うんだよ。「アートは制度だ」って（笑）。

5　日本現代アートの始祖・望月桂と黒耀会

なぜいま「大正」がこんなにも突き刺さるのか？

卯城　ここで一度ガッツリ過去にタイムスリップする必要を感じてるんだけど、これから話す大正のいくつかの動きが一般的には〝ブラックボックス化〟していることへの違和感が第一にあるんだよね。研究は進んでいる。けど「現在」にはあまり接続されていない。自分でリサーチしてみて気づいたんだけど、そもそも大正あたりの前衛芸術自体を「マスト」で知っとかなきゃ、って認識が一般的にはなさそうなのよ。ただの勉強不足っていう個々人のせいなのか、それとも構造的な理由なのかが問題なんだけど、研究者間でも戦前のアートと戦後のアートは分断されている／いないって認識はじつは賛否両論で。

気になって『前衛の遺伝子――アナキズムから戦後美術へ』（ブリュッケ、2012年）の著者の足立元《げん》さんに聞いてみたら、多くの日本人には、戦前と戦後のアートを隔てる「意識の断絶」がある、ってうまいことを言ってた。「情報の断絶」じゃなくてね。てか、そもそもそんな議論があること自体、謎じゃない？　戦後を皮切りに現代アートが始まる、なんてヨーロッパでもどこの国でもありえないじゃん。

松田　僕も今回あらめて何冊も本を読んでみた。五十殿《おむか》利治《としはる》さんや足立元さん以外では、『眼の神殿――「美術」受容史ノート』（美術出版社、1989年）で有名な北澤憲昭さんも大正の前衛芸術に触れていて、ほかにもたくさんの研究者がいる。むしろこんなに研究されてんだって驚いたよ。なのに、なんでいままで「マスト」だと思えなかったんだろう。それにしてもほとんどの本が読みにくいね（笑）。

卯城　グーグル検索を片手に読み進めないと全然わからない！　固有名とか「知っている」前提で書かれてるからね……。

松田　大正の芸術どころか大正時代がどんな時代かなんて、「大正デモクラシー」って言葉は知っていても、詳しくは知らなかったもんね（笑）。その点、『前衛の遺伝子』は読みやすかった。

卯城　足立さんはウチらと同世代だし、問題意識も似てるしね。聞いてみたら、大正の前衛を研究しながら実際、Chim↑Pomやカオス*ラウンジなどの活動を考えたって。それが僕に届くまで「10年かかった」って言われたけど（笑）。

松田　それほど僕たちの周りでは、大正に対して「マスト」感が薄かった。実際、僕らと同じく無人島プロダクションに所属するアーティスト、風間サチコさんが大正の前衛にめちゃくちゃ詳しいのに、僕らっていままで風間さんをユニークな存在として面白がることはあっても、大正について詳しく教えてもらおうとは思わなかった。戦後の岡本太郎やハイレッド・センターを知らないでアートに関わる人はゼロに近いけど、マヴォや三科を詳しく知らなくても即モグリ認定なんてされないし（笑）。まして「黒耀会」の望月桂や「理想展」の横井弘三にいたっては、詳細に語れる人、研究者以外でいなくない？

卯城　風間サチコがいる（笑）。

松田　そうか（笑）。けど戦前の日本の美術ってくくりでいえば、岡倉天心や黒田清輝なんかは歴史上「マスト」だと思われてる。岸田劉生なんかの白樺《しらかば》派も、教科書で見かける。でも、ダダイズム以降の大正前衛のムーブメントは……

卯城　そうでもない。まあ黒田清輝は近代美術の世界のマスターピースでしょ。だから近代の日本を語るうえで欠かせないってのはわかる。けど、ダダ以降の前衛は現代美術にしか見えないもん。近代美術の本流にとったら彼らはただの異端児だったわけで、そういう視点から見ればそりゃ「マスト」ではない。ただ、日本の近代と現代はアジア・太平洋戦争で区分されるけど、アートの近代と現代はそんなにはっきり分かれてないじゃん。更新の歴史自体グラデーションだしね。つまりさ、近代美術の異端として出てきたのが現代美術なら、彼ら前衛はウチら日本の現代アーティストにとっては、始祖に近いくらい重要なはず。

この話を「公の時代のアーティストのあり方」の文脈に戻すと、大正の前衛芸術ってハチャメチャだけど、けっこう苦しい時代の産物でしょ。五十殿さんの本でも述べられているように、日本に前衛が到来する前夜って、日韓併合（1910年／明治43年）があったり、大逆事件（1910〜1911年）で幸徳秋水《こうとくしゅうすい》が死刑になったりした、明治の終盤から大正の始まりにかけてのあたりだよね。社会運動をしたら絞首刑になるぞってアピールされて、変節した人も多かった。石川啄木《たくぼく》が「時代閉塞の現状」（1910年8月）って評論を出してるくらいだから、閉塞感はハンパなかったんじゃない？　思想の自由なしに表現の自由なんてありえないじゃん。そんな時代なのに、同年には『白樺』が、翌年（1911年）には『青鞜《せいとう》』が創刊されて、日本で前衛やフェミニズムといった個人主義や自由主義の文化がいよいよって感じになる。

その後、大正初期から戦争直前まで実験的なアートが続出するんだけど、そのあいだも、関東大震災直後の大杉栄《さかえ》の虐殺（1923年）や治安維持法（1925年）による取り締まりとか、前衛はずっと苦難続きなんだよ。それに比べて1960〜70年代の昭和の前衛は、大正期と同じく過激でパフォーマティブなんだけど、世の中の空気的には、言っちゃなんだけど、やりやすそうだよね（笑）。もちろん実際に見てないから知らないんだけど、戦後民主主義を背景にした、個のハッチャケぶりと公の大らかさがすごい。まさに「個」の時代というか、全身全霊、全裸で「イェーーイッ」て叫ぶ狂った人たちを時代がむしろ讃《たた》えてるような。対して、大正〜戦前の昭和は断然「公」ありきの時代でしょ。そこにいまの時代状況がリンクする。

「個の時代」から再び「公の時代」へ

松田　いまはダダカン（糸井貫二）（★12）が出現しにくい、つまりチンコ出しにくい世の中ってことね。戦後は社会や世論が、つまり「公」が、エクストリームな「個」を許容してたというか、大歓迎してたようにも見える。ダダカンにしろ、ゼロ次元にしろ、チンコ出して世間をいくら「お騒がせ」しても、謝罪会見なんてしなくてよかった時代。読売アンデパンダン当時なんかは無難なマジョリティの意見を反映させるよりも、強烈な「個」こそが求められたわけでしょ。「公」と「個」の共犯関係がうまくいっていた。地下鉄サリン事件（1995年）直前ですら、わけわかんない新興宗教の教祖が公共電波に乗せられても、みんな笑えてた。

★12　1920年生まれ、仙台在住の伝説的前衛アーティスト。64年の東京オリンピック時に銀座をふんどし一丁で駆け抜けて捕まる。70年の大阪万博では太陽の塔に向かって全裸で15メートル走り抜けるハプニングで再び捕えられる。読売アンデパンダン展にも出展した経歴を持ち、後年もエロ雑誌を切り抜いてつくるメールアートなど多数制作。2020年東京オリンピックの年に100歳を迎える。

つまり大正が、強圧的な公権力に対して「個」が自由を獲得しようとチャレンジする「公の時代」なら、戦後は、公権力の監視や検閲も弱くなることで「個」が享受した自由を謳歌したり、それをエクストリームに拡張しようとしたりした「個の時代」とも言えるね。そしていま、僕らは再び「個」よりも「公」が存在感を増しつつある時代に突入したと考えているわけだ。大正時代や昭和初期の「公」の問題は主に公権力の問題で、いまの「公」の問題は公権力による「権力の私物化」だけではなく、さっき話したような、新自由主義を背景にした、大企業の再開発や運営による「公のポリシーの民営化」や「個による公」っていう「閉じた公」の出現、ボトムからの通報や抗議といった「炎上」、そしてスペースの運営側から「一般に配慮する」っていう名のもとに行なわれる検閲や規制もあるね。

卯城　海外でも検閲や規制は問題になってる。カトリックの支持を得る右派政権下にあるポーランドのワルシャワ美術館が、ポーランドの女性アーティスト、ナタリアＬＬが共産主義下の１９７３年に発表した、若い女性がバナナを食べて舌を動かすビデオと静止画の作品を「下品」として２０１９年４月に撤去したことに反対して、アーティストや市民約４千人がバナナを食べながら抗議活動を行なった。２０１４年には韓国の光州ビエンナーレで、朴槿恵大統領（当時）を風刺した絵画《セウォル５月》の展示が留保され、アーティストたちが大反発。いくつかの作品をボイコットし、ビエンナーレ財団の会長が辞任するほどの大騒ぎになった。例を挙げればキリがないよ。

松田　で、日本が自由かというと、むしろヤバい。とくにアートと猥褻《わいせつ》の問題は昔からいまだに続いていて、僕的にはむしろ飽き飽きしている（笑）。古くは明治時代に黒田清輝が描いた裸体画作品を布で覆って展示した「腰巻き事件」があり、近年でも写真家の篠山紀信が公然わいせつ罪により書類送検されたり、同じく写真家のレスリー・キーがわいせつ写真集販売の疑いで捕まったり。あとは、芸術家のろくでなし子がわいせつ物公然陳列なんかで２度逮捕される騒動も記憶に新しい。そんな状況では日本の公立美術館なんかで、セクシャルでポルノティックな側面を持つ作品は、荒木経惟《のぶよし》もロバート・メイプルソープもラリー・クラークも、僕が好きなものが見られる機会は当然ない（笑）。

春画ですら展示を躊躇してるレベルだと思う。けど、むしろこういった検閲や自主規制は、日本人がアートをポルノと同じだと見なしているのを海外に宣伝してるようなもんだよね。しかもそんな状況は、むしろ加速している。最近ではアート関係者が「オリンピックが終わるまではセクシャルな表現に対する規制が厳しい」なんて言うのもよく耳にする。

そりゃあいろいろつまんなくなるし、世間だって過激なものへの耐性も興味も持てなくなって、保守化するよね。これも地獄だよ（笑）。「個」が無邪気に自身のエクストリームを発揮しようとしていた時代はもう終わった。「公の時代」にしか思えなくなってきたわ（笑）。

卯城　でも「意識の断絶」の謎について、大正を華麗にスルーしていた当事者として自分のことを振り返ってみると、結局こんな疑問に辿り着くのよ。「じゃあ自分はいままで、大正や『公の時代』の状況にリアリティを持って目を向けられていたのか？」って。みんなもそうじゃない？　実際、《ヒロシマの空をピカッとさせる》（２００９年）くらいまでは、ウチらChim↑Pomとしての制作主題は明らかに「この平和なマッドさをどう表すか」だった気がするんだよね。「アメリカの息子」たる「戦後日本」の「実感のない平和」の中に生きていて、飢えや戦場にリアリティがないって開き直るのと同じ。

松田　「大日本帝国って別の国」くらいの感覚だったよね。右翼や左翼は特別すぎる人たちの話だと思っていたし、何も考えずに「戦車カッケー」とか言ってて。街中で監視されてる感覚もないから、歩きションや万引きはよくある日常だった……ってのは僕だけか（笑）。

卯城　立ちションじゃなくて？　歩きションはさすがに尼崎クオリティでしょ（笑）。つか監視されてる云々よりズボンがビチョビチョになりそうでやだわ（笑）。ただ、同じ「公の時代」でも、戦中、つまりアジア・太平洋戦争自体は戦後を産んだ親みたいなもんでしょ。作品の主題に事欠かないくらい歴史的にも派手だから、反面教師として裏腹に、戦争や原爆といったモチーフは再三戦後の美術の中に採用されたじゃん。平和な時代にいて「戦争にリアリティがない」っていうエクスキューズつきで。そういった作品こそが世界にも伝えやすかったし、戦後日本アートのひとつの戦略にもなれた。村上隆さんがキュレーションした「リトル・ボーイ」展（２００５年）はその鬼企画として典型的だし、初期のヤノベケンジさんや会田誠さんなど、「ネオポップ」と言われた作家たちは「平和ボケ」への批評性にインパクトがあった。

だけどいま、「個の時代」から「公の時代」になり、世界の報道自由度ランキングで日本は２０１０年の11位から２０１９年の67位にまでガタ落ちし、検閲や規制自体をテーマにした展覧会が東京都現代美術館で開催されるまでになった（「キセイノセイキ」展、2016年）。なのに、またそこで新たな検閲が露わになった（小泉明郎《空気》）。表現の自由の形骸化は徹底的に明白化し、炎上とセキュリティ向上とで官民一体による相互監視がガチガチの社会になった。こんないまの「公の時代」を来たるべきものとして想う感覚って、以前はSF的なもんだった。みんなもそれが非現実だっていうストーリーの中で生きていたでしょ。

松田　SF的だったはずの「公の時代」が来てしまったことにより、大正の状況に対するリアリティが増したってことね。これについては美術評論家の福住廉《ふくずみれん》さんが、「クラスの目立たなかったやつが、クラスのムードが変わったことで急に存在感を増したのと同じ」だって言ってた。つまり、変わったのは目立たなかったやつそいつ自身じゃなくて、クラスのムード。そして大事なのは、その変化によって、以前は目立たなかったやつを評価するリテラシーがクラスメイトの中で上がったってことだと思う。10年前といまを比べると、アートの見方もそれを取り巻く状況も、だいぶ変化があると思うし。

世界でも検閲や規制によって「表現の自由」が問題化し、アーティストはより「態度」が重要視されるようになり、ポリティカル・コレクトネスやアート・アクティビズムが主流化し、日本でもスーパーフラット（★13）がChim↑Pomやカオス*ラウンジに変異し

小泉明郎《空気 #1》2016年　プリントしたキャンバスにアクリル絵の具、空気
天皇・皇族のイメージを消し去ることによって、天皇制を支える「空気」を可視化させた作品。皇族を消すという不敬な行為と、象徴天皇を霊的な存在として描き直す、という相反する二面性を兼ね備える。本作は「MOTアニュアル2016 キセイノセイキ」展（東京都現代美術館、2016年）で展示予定だったが、館との交渉の末に展示を断念。同展会期中に近隣の無人島プロダクション（清澄白河）にて展示された。
撮影：椎木静寧　©Meiro Koizumi　Courtesy of the artist, Annet Gelink Gallery and MUJIN-TO Production

た。それらを踏まえた目線を獲得すると、「あれ？　こいつ超『マスト』じゃね？」と、大正のいくつかの前衛美術の動向をいきなり見直せるようになった、というわけだよね。

★13　村上隆が2000年を迎える直前に打ち出した概念。日本画や漫画・アニメなど余白の多い2次元的な絵画空間を西洋美術の文脈に接続しつつ、階層やジャンルが平坦化した現代日本社会の状況を「平面的」として肯定する。

卯城　そう。それで僕らに突然刺さったのが、大正にあった2つの出来事なんだよね。望月桂率いるアートコレクティブで、「大正のシチュエーショニスト・インターナショナル」（★14）とも呼べそうな黒耀会と、「大正デモクラシー最後の打ち上げ花火」とも言われる大正15（1926）年の理想大展覧会（以下、理想展）。両方とも偶然、アンデパンダン展なんだよね。

★14　1957年にギー・ドゥボールを中心に結成され1972年までフランスをはじめとするヨーロッパで活動していた国際的な前衛アート組織。芸術だけでなく政治も経済も消費者への見せ物となる「スペクタルの社会」からの脱却を図り、パリの5月革命にも影響を与えたと言われる。その手法「détournement（転用・逆用）」はのちのパンク・ムーブメントでも多く使われた。

松田　2つとも、以前のアートの見方では「マスト」じゃなかったでしょ。2002年から始まった「Power 100」（イギリスの美術誌『ArtReview』が毎年発表する、現代美術界で影響力のある人物ランキング）でも、当初はダミアン・ハーストや村上隆がトップアーティストだったのに、いまはアイ・ウェイウェイとかヒト・シュタイエルみたいな、「社会へ直接刺す」ようなアーティストが上位にいたりする。アートの中心地だなんて絶対言えない状況の日本でも、夕方に民放のニュース番組で「社会派の」ストリート・アーティストとしてバンクシーが紹介される。そのくらいの変化がある。そりゃ、「社会へ直接刺しまくろうとした」望月桂がいきなりフレッシュに見えたりもするよ。

卯城　理想展は福住さんが研究中で、望月桂は足立元さんがやっとアナキストの文脈じゃなく美術の文脈でフックアップした。望月桂なんて、僕にはもはや「日本現代美術の父」くらい重要に見える。美術史ってのはホント、永遠に未完成なものなんだな、とつくづく思うよ。なのに新人作家までもが「美術は文脈」とか言ってその気になって、いまの目先にある「とりあえず」の美術史のストーリーに合わせて作品をつくったりするでしょ。「公」のための「個」になりきっちゃうのと同じ。乗っかるのはいいけど、同時に疑えよって思う。

現代美術の源流作品がたったの千円

卯城　そもそも望月桂とはどんな人物か。東京美術学校（現・東京藝術大学）で絵画を学んで、同期が岡本太郎の父親である岡本一平と、画家の藤田嗣治。この同級生たちのその後の運命と影響を戦後まで見ていくと、3人が主役の大河ドラマみたいにドラマチックに楽しめます（笑）。卒業後、3人はバラバラの道を歩む。藤田は渡仏して成功、帰国して国民的な戦争画家になり、戦後は日本を捨てる。岡本は朝日新聞社に入社して人気漫画家になり、太郎を連れて渡仏。太郎は戦後、藤田と入れ替わるように、日本アートの急先鋒になる。他方、やがて前衛の始祖の一人になる望月桂のスタートはゆるゆるで、「へちま」っていう定食屋のようなものを始める。ここにアナキストが集まるようになって、タダ飯を食わせたりしていたらしい。

松田　その「へちま」の広告ってのがいま見ても面白い。「腹がへつては／どうもならん／先づ食ひ給《たま》へ／飲みたまへ／腹がほんとに／出来たなら／そこでしつかり／やりたまへ」というね。食堂には望月桂自作の雛《ひな》人形が飾ってあって、皿などの食器も自作だったらしい。その雛人形が裸体だったりして、ユーモアのセンスもある。この裸体雛人形、超欲しいわ（笑）。

卯城　その「へちま」に集まっていた人たちと桂さんがまず１９１７（大正６）年に立ち上げたのが「平民美術協会」。たぶん、特権化された美術を大衆に取り戻そうとする運動の先駆けだよね。設立にあたっての広告では、美術は売り物じゃないとか、専門家の手に独占された美術を一般民衆のもとに取り戻すとかいったことがうたわれている。１９１７年ってロシア革命が起きて、マルセル・デュシャンがかの《泉》を発表して、トリスタン・ツァラが『ダダ』って名前の雑誌をつくった年でしょ？　つまり世界のラディカルさとは同期してた。

松田　桂「さん」って（笑）。岡本太郎でいう「太郎さん」みたいな感じか。平民美術協会は、絵画教室を開いて労働者に絵を教えることも企てていた。たぶん、二科会《にかかい》のようなハイカルチャーとしての美術に対する憤りがあったんじゃないかな。「お芸術」へのカウンターとして。僕は美学校で古藤寛也さんと「外道ノススメ」って講座をやってて、そこで古藤さんが生徒に「お芸術やってんじゃねーよ！」って言ってるからイメージしやすい（笑）。

卯城　「お芸術」が別に敷居が高いとか理解しにくいからって理由よりも、やっぱり、アートが金持ちのインテリアみたく成り下がることが、桂さんたちにとっては耐え難いこと

望月桂（1887〜1975年）
1972年、自身が描いた作品を前にして。

だったんだろうね。この平民美術協会のメンバーの多くがのちの黒耀会の結成（1919年）に参加するんだけど、その黒耀会の宣言文にはこう書いてある。

「現代の社会に存在する芸術は、或る特殊の人々の専有物であり、又玩弄物《がんろうぶつ》の様な形式に依《よ》つて一般に認められてゐる。こんな芸術は何処にその存在を許しておく価値があらう。此様なものは遠慮なく打破して吾々自主的のものを獲ねばならぬ。これが此の会の生れた動機である」（黒耀会宣言書、1919年）

で、特筆すべきは計4回（2回の説もあり）開催された展覧会「黒耀会展」の参加作家たち。桂さんのほかに、アナキストの大杉栄、コミュニストの堺利彦《さかいとしひこ》、柳田國男の右腕になる民俗学者の橋浦泰雄、演歌師の添田唖蝉坊《そえだあぜんぼう》、くわえて作家の島崎藤村や高村光太郎も参加している。要は美術家だけじゃなくて当時の文化人が幅広く一堂に会してるんだよね。もちろん多くはアートにおいてド素人。音楽ライブあり、パフォーマンスありの一大イベントだったらしい。じつは僕、ノイズミュージックやってた20歳そこそこのころ、のちのChim↑Pomメンバーの林（靖高）と、好きすぎて添田唖蝉坊の墓掃除をしたんだよ。墓参り行ったら荒れ果ててたから、悲しくて（笑）。

松田　黒耀会はメンツを見ても、多ジャンルによる超クロッシングイベントだよね。「個」たちが思想や志《こころざし》を共有して、それぞれが自主的に寄り集まった「公」とも言える。中身は無審査・無賞与のアンデパンダン展だったってことも、集合のしやすさにつながってるね。公権力の弾圧が激しい「公の時代」において、黒耀会って「公」にだけは、その後に訪れる戦後民主主義の「個の時代」の空気が感じられる。つまり、民主主義的な「公」の先取りをしていたとも言えないかな。

あと面白いのは、望月は普通に絵がうまいのに黒耀会ではアカデミックな技術を自ら封じていることなんだよね。洋画か日本画かっていう近代美術の議論から外れたところで、描く対象を簡略化した、俳画（俳句の趣を持つ簡略な絵）の影響が強い淡彩画を作風にした。俳画も現代の漫画へとつながる源流のひとつだから、漫画と絵画のハイブリットをこの時点でやっていたとも考えられる。黒耀会の宣言を踏まえた、当時主流に見えたタブローへの意識的なカウンターだったんじゃないかな。つまり、パッと見、絵画に見られないサブカル的なものを絵画に持ち込もうという意識。このころエスキースや習作はつくられても、漫画はおろかドローイング的なものをそのまま作品として見せる意識はまだないしね。もちろんポップアートなんて言葉も概念もない。僕はもともと大正時代の美術に対して、天才的なタブローを残した岸田劉生や萬鉄五郎《よろずてつごろう》、村山槐多《かいた》といった画家のイメージを持っていたから、彼らと比べると望月桂の異質さはより際立つね。

卯城　当時は油絵の具や顔料は贅沢品だっただろうから、徹底して大衆に寄り添おうとした桂さんの態度が、安く描ける淡彩画を選ばせたのかもね。

松田　徹底した態度は感じるね。さらに望月はその手法に、当時西洋美術の最先端だった未来派のスタイルを取り入れた。注目すべきは、望月ってアナキストだから、反機械文明的な文脈でその形式を使うんだよね。機械礼賛の未来派とは思想がまるで逆なわけ。労働者が機械によって傷つけられる場面を描いたりして、だいぶ皮肉っぽい文脈でそれを使っている。この点でも大衆や労働者に寄り添おうとした望月の態度が感じられるし、アートとしての先駆性もヤバい。

で、なかでもクソヤバすぎるのが《遠眼鏡》（1920年）という、当時現人神のような存在であっただろう大正天皇をスキャンダラスに描いた作品。第1章でも触れたけど、知的障害の説もあった天皇が詔勅を遠眼鏡に見立てたという事件を、俳画×未来派スタイルで描いた作品。いまこうして話した全背景を読み込むと、日本美術史上トップクラスの問題作だと断言できる。

卯城　漫画風な絵をタブロー的に美術の文脈で展示したのって、望月桂と黒耀会が初めてなんじゃない？

松田　初めてと断言することは難しいな。でもその意義はめっちゃ大きいと思うよ。竹久夢二のような、印刷媒体で漫画を描いていた人がのちにいわゆる本流の画家になるケースはあったけど、やっぱりタブローと漫画の境界の意識は残っていたし。だけど望月は漫画のような絵をそのままタブローのサイズで描いて、作品として提出している。それが当時の洋画壇に理解されたり認められたりするのは難しかったと思うよ。てか、無理でしょ（笑）。そういう状況で、望月が自ら主導するアーティスト・ランな展覧会でこのような作品を出品していたってことは、日本美術界のメインストリームに対する「オルタナティブ」な活動として、歴史的にも重要なひとつだと言えるね。つまり黒耀会は、当時の二科会などとは違う評価軸やルールを備えた「公」だった。島国で、ときに思想も偏りがちな場所で、これは簡単なようで難しい。そして、大切なことでもあるよね。もちろん望月は「個」としてもヤバい。

卯城　何重にもねじれてるな……。アクティビストなのに、「スーパーフラット」やいまのカオス＊ラウンジ界隈みたいなオタクアートのひとつの源流にも見えてくるのがオモロい。額装せず画びょうで壁に作品直貼りとか、展示方法もナウいしね。まだインスタレーションの概念もなかったころでしょ。けど桂さんの作風が漫画とはいえ、黒耀会はオタクじゃなくて俄然ポリティカル系だから、展示作品はガンガン警察に押収されるんだよね。で、桂さんナイスなのは前にも言ったけど、その警察署に行って、押収された作品群の盗難届とかを出してるところ。

あらためて、桂さんと黒耀会からいまにつながるものって、マジで膨大に見える。マンガ系美術やポップアートといったジャンルに留まらず、「個」が立ったクロスジャンルな人々による政治的なアートグループという、現代的アートコレクティブの形態としても早すぎる。シチュエーショニスト・インターナショナルみたいな、多ジャンルな人々による運動体というか。政治でいうと、その後のプロレタリア美術や21世紀からメインストリーム化してきたアート・アクティビズムにはここから直系でつながってるでしょ。美術／非美術の境界を問うそのセンスや黒耀会宣言を引用して、桂さんを「民藝」の始祖だとも言う人もいる。クロスジャンルでいえばフルクサスの活動や、ライブを一体化させたChim↑Pomの展覧会なんかにもつながっている。

松田　超人すぎて拝みたくなるわ（笑）。知れば知るほどいまのアートに直結してるんだけど、最近まではアートっていうよりはアナキズムの文脈で語られてたっぽいね。当時のアナキズムって、いまの僕から見ると、左翼の過激派が唱えたテロリスト化をも招くような思想で、社会主義の中でも縮小していった思想のようにも感じる。そんなアナキズムの文脈のみで語られるなんて、低評価すぎじゃない？　アート文脈における黒耀会や望月の評価の低さっぷりがヤバい例でいえば、風間サチコさんが望月の絵を持ってるらしいんだけど、「ヤフオク！」で千円くらいだったって（笑）。黒耀会で出品されていた作品のほとんども、長野の望月家の蔵に眠ってるらしいし……。

卯城　千円て残念すぎるわ（笑）。ていうかこんな、アートと社会とサブカルチャーがどれも原理主義に陥らないで、でも尖ったままの双方向性を持った現代的な芸術と政治の運動って、それ以前にあったのかな。歴史を遡ったらすぐに突き当たるのは、絵画や彫刻を中心にしたフュウザン会、つまり見た目的には断然、近代美術でしょ。美術の区分の正確性は置いといて。だとしたら、いまわれわれがやっている日本の現代美術的な表現は（あくまでいまのところだけど）この黒耀会がスタートに見えるって言ってもおかしくくない？　で、日本はアジアの中でも最速で現代アートが活発になった国だって言われてるよね。それなら、国際的には欧米のアートを中心的な文脈に捉えつつも、それに各国の歴史に基づいたドメスティックなセンスをかけ合わせることが当然になったいまのアジアのアートの潮流の中でも、望月桂と黒耀会はかなり重要な位置にいるように思うな。個人的には、アジアの現代アートのルーツのひと組として位置づけることが、もはや正当だと思う。

望月桂が戦後に向けて送った「あの世からの花」

松田　ただ、その黒耀会の活動は関東大震災（1923年）の時期に途絶えている。震災に乗じて大杉栄が憲兵に虐殺されるんだよね。思想的中心人物を失ったことによって、黒耀会の活動は縮小していったみたい。その退潮と同期するように望月桂の活動も収縮していく。入れ替わるように震災を機に活性化するのが、黒耀会に刺激を受けたと思われるマヴォやアクション、三科のような次の世代の過激なコレクティブなんだよね。

卯城　黒耀会が生まれたのは大逆事件と日韓併合のあとでしょ。マヴォたちが活性化するのは震災と大杉栄虐殺の直後。大正の人たちって、ヤバくなるたびにスイッチが入っちゃってるよね。

とにかく、桂さんが次に作品を発表するのは震災の3年後にあたる、大正最後の年（1926年）の「理想展」。このときの出品作がまたヤバい。大杉虐殺に対する復讐としてテロを企てた仲間の2人が逮捕されて、1人が死刑、1人が終身刑の判決を受けたんだけど、桂さんは前者を題材にした、その名も《死刑判決》という絵を理想展に出してるんだよね。そのときの裁判の傍聴券がコラージュされた、まあキモい絵なんだけど

（笑）。でも超絶エモいのは、終身刑になった仲間のほうを扱ったもうひとつの作品。桂さんはその後結局獄死した彼の遺骨を引き取りにいったらしいんだけど、その遺灰を長野の自宅の庭に撒いて、植物を植えた。で戦後、そこに咲いた花を葉書に押し花にして、かつての仲間たちに送りつけたらしい。《あの世からの花》って書を添えて。獄死したその彼との共作みたいなノリなんだけど、ヤバすぎでしょ。

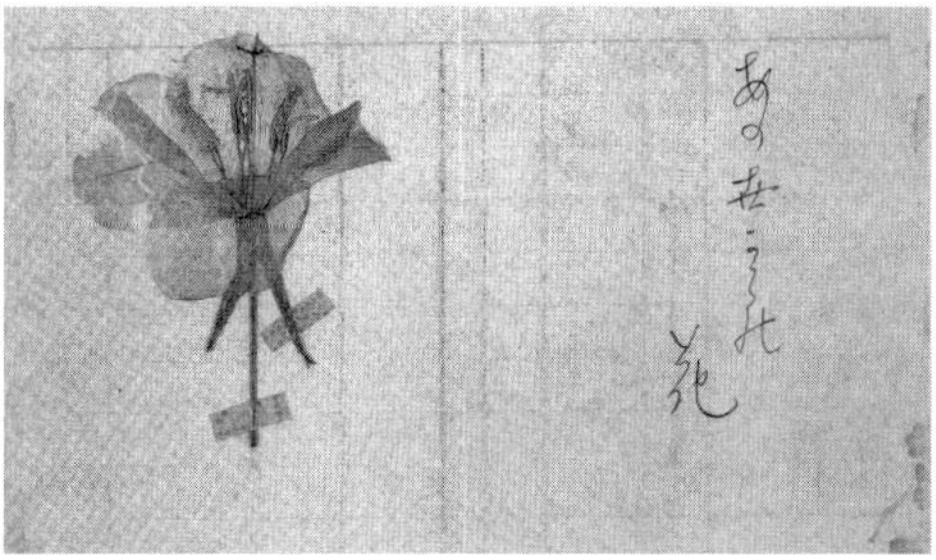

望月桂《あの世からの花》戦後（制作年不詳）

松田　《あの世からの花》はメールアートとして見てもヤバい。もちろんメールアートの概念もまだない時代の。あと、望月についてよく言われるのは、戦中に変節したってこと。体制側に協力した形跡もあるそうで、ほかのアナキストからは「残念だ」なんて言われてるんだけど、僕らはアナキストとしての彼の評価にはあまり興味がないんだよね。

卯城　戦中になりをひそめながら、戦後に押し花の作品を出していることからしても、一筋縄ではいかないよ。なんせ自分の初個展開催が亡くなる8カ月前、88歳のとき

（1975年）だよ。アーティストとして相当ねじくれている。ちなみに、風間さんがシェアしてくれた手元の資料で見られる最晩年の作品（1972年）のタイトルは、《横井庄一救出の図》（笑）。ユーモラスな劇画タッチのユル〜い絵で、洞窟の入口から上半身出してる原始人みたいな横井庄一が、ドングリみたいな何かをペッって投げて笑ってるんだけど、その右下には「終戦」ってタグがついたドクロが、これまたユル〜い感じで描かれてるんだよね。緊迫感ゼロ（笑）。かなり僕のツボに入り込んでくる絵なんだけど、と同時に、ある程度有名だった時期もあったのに、個展もせずにこんなのを85歳になっても独りでずーっと描き続けていたのかと思うと、感銘と妙な痛みを心に受ける。

なんにせよ、そうやって黒耀会後に美術から距離を置いた桂さんは、いっとき読売新聞直属の漫画家になるんだけど、そのペンネームが犀川《さいかわ》凡《ぼん》太郎《たろう》って言うんだよね。これ、最近頭角を現してきてる若手社会派作家の毒山凡太朗の名前の由来だよ。もちろん風間サチコ命名（笑）。

松田　現代にも望月桂の「前衛の遺伝子」はしぶとく伝わってたわけか。超「マスト」だよ！　桂さん！

6

横井弘三が夢見た理想郷の建設＋福住廉

福住廉（ふくずみ・れん）

1975年、東京都生まれ。美術評論家。著書に『今日の限界芸術』（BankART1929）。「共同通信」で毎月展評を連載中。現在、東京藝術大学大学院、女子美術大学、多摩美術大学、横浜市立大学非常勤講師。

あらゆる個をのみ込む別の世界をつくろうとした「理想大展覧会」

松田　大正の前衛芸術は反公権力運動と密接に関わっていて、現代のアイ・ウェイウェイやプッシー・ライオットといったアーティストたちとも親和性がある。けど日本だと、たとえアートの話であったとしても、反公権力を語るだけでソッコー「左翼」認定される。まあ、この際それはいいとしても、問題はその安易なレッテル貼りによって、観客が作品そのものをスルーしがちになるところ。作品よりも、思想の良し悪しの話ばかりになる風潮があるよね。

たとえば現代アーティストの竹川宣彰《のぶあき》さんを同じように見がちなところは僕にもあったんだけど、竹川さんは実際、左翼的な団体の活動に参加したりしながら作品制作を行なっていて、僕は「レイシストをしばき隊」などの団体の是非が竹川さんの作品のノイズになっていると感じたときがあった。その後竹川さんと直接話す機会があって、彼はそのとき、暴力をいとわないような左翼団体を『風の谷のナウシカ』に出てくる王蟲《オーム》にたとえていて、自分は王蟲を先導して世間と仲介するようなナウシカのつもりだと言っていたよ（笑）。「レイシストのいない世の中」をつくりたいって、納得できる点もあった。そういえばウチのオカンも「どんなに仲良くなっても政治と野球の話はするな」って言ってたな（笑）。

政治とアートとの関係はつねに議論になるよね。イタリアで未来派の評価がずっと低かったのは、作品自体よりもファシズムとの関係があったからだし。さっき話した「望月桂作品千円事件」は、彼がアナキストだってことも原因のひとつだと僕は思う。とくに日本では、アーティストはノンポリであってほしいと思われてるけど、世界でも大人気のピカソはゴリゴリの共産党員だったんだよね。だからといってピカソの評価が下がることはないし、あのオノ・ヨーコもポリティカルな要素を持つアーティストとして世界中に認知されている。そういう視点で見ると、日本は少し神経質っていうか、意見や思想が偏っちゃうことの恐怖が他の国よりもあるのかも。自分で考えるの苦手ですって言ってるようなもんだけど（笑）。

で、卯城くんから聞いた「理想大展覧会」は、そういうポリティカルな要素云々を超えて、あらゆるものがごちゃ混ぜになった、把握不能な展覧会として惹かれたんだよね。展覧会目録の表紙には、「世界的珍奇」（笑）とあって、当時の新聞にも「日本初《はじま》つて以来の珍奇展」との展評が載った。

卯城　珍奇ってなんなん（笑）。僕らが「理想大展覧会」にがっつりハマったのは、それこそアナキストかコミュニストかみたいに政治的派閥がアツく議論されてた時代なのに、そういう思想や所属やなんやかんやを超越した突然変異的な祭りに見えたから。実際、福住廉さんから教えてもらった2017年当時は衝撃を受けて、僕の「大正への扉」になった。当時どうしてそんなに新しく見えたのかは謎だったんだけど、第1章で話したとおり、僕の中で理想大展覧会はアンデパンダン展自体への興味と相まって、どういうわけかChim↑Pomによって「にんげんレストラン」に変異した。

面白かったのは、アンデパンダン展をリサーチしてみると、アメリカでもヨーロッパでも現在はあまり開催されてないらしいということ。何人かの国際的なキュレーターに聞いてみてもそんな感じだった。だから、そんな欧米主導のガチな「キュレーションの時代」に、東京でとち狂ったアンデパンダン展が生まれたら、それこそアーティストからの一石に見えるだろうなあ、なんて夢想した。

と、ここで僕に理想大展覧会のことを教えてくれた福住廉さんに登場してもらいます。福住さんが研究していた大正時代のアンデパンダン展って、どんなものだったんですか?

福住　「理想大展覧会」（理想展）は、1926（大正15）年に横井弘三《こうぞう》という美術家が企画したアンデパンダン展なんです。横井はもともと二科に所属していた画家で、思想家の高山樗牛《ちょぎゅう》の名前を冠した「樗牛賞」を受賞するなど、将来を嘱望されたホープでした。しかも樗牛賞を受賞した翌年には、早くも二科賞を受賞しています。だから本来はアンデパンダン展なんか企画するような人じゃないんですが、そんな横井を変えたのは当の団体展でした。

関東大震災で東京が壊滅したあと、その復興の象徴として日本初の公立美術館である東京府美術館（現在の東京都美術館）が1926年に開館したんですが、その開館一発目の「聖徳太子奉賛展《ほうさんてん》」はいくつもの団体展が集合したセレモニーだったようです。ただ、日本画や彫刻など、いろんな分野から優秀な美術家が公募で選抜されたのに、なぜか洋画だけは公募ではなく画壇の重鎮たちが独り占めしてしまった。そのことに横井は怒り狂ったんです。全然民主的ではない、と。横井が面白いのは、それで抗議するだけでなく、誰もが等しく参加できる、まことに民主的な理想郷としてのアンデパンダン展を、奉賛展とほぼ同じ時期に開催したところ。「力強き、日本の無選展覧会よ、我が美術界に平等無差別な理想郷をつくれ」と、言っているよ

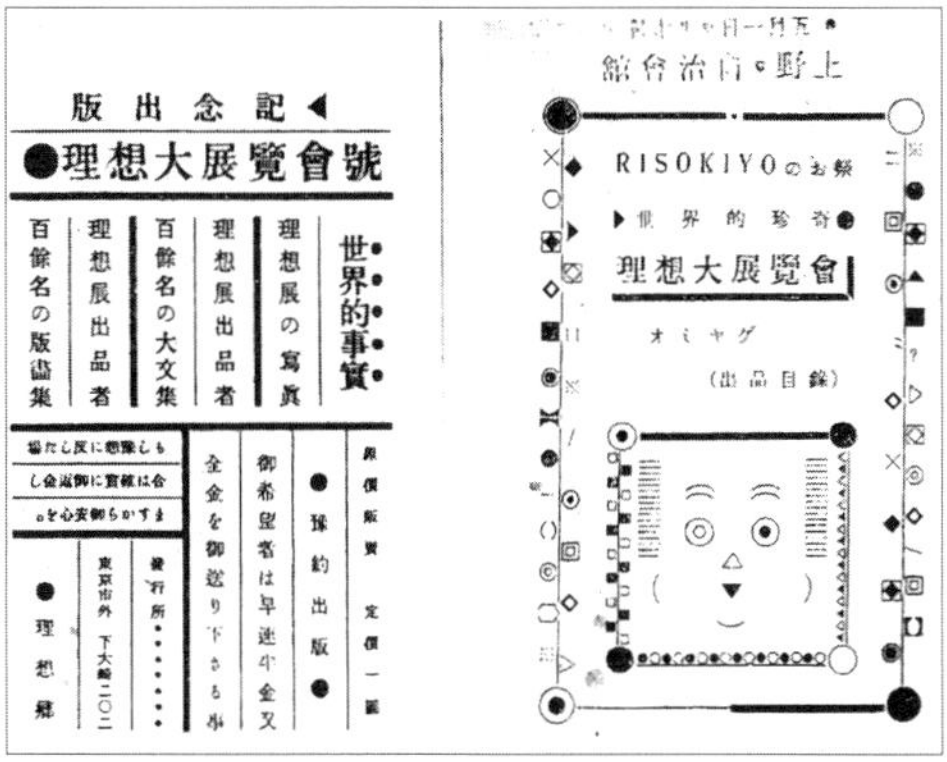

「理想大展覧会出品目録」1926年　「世界的珍奇」との文字が見える。

うに、そういう意味で、「理想展」なんです。

卯城　カウンターとして、ですね。民主主義ってのがカウンターとして威力のあった時代。いまは民主主義を口にするのが当たり前すぎて、カウンターどころか、良いこと言ってるだけって「保守的」に見られるような時代ですもんね。

福住　大正デモクラシーの影響があったかどうかわからないけど、奉賛展とほぼ同じ時期にやったから、ほとんどあてつけ（笑）。どちらかというと、アナキズムに近いのかもしれない。会場は東京自治会館。東京府美術館のすぐ隣で、現在の上野公園の野球場のあたりにあったようです。もちろん美術館ではないので会場も狭いし、天井も低い。展覧会場としては決して恵まれているとは言えない空間の中に、記録上に残されているだけで、じつに１０６名もの参加者による作品が一挙に展示されました。会場を撮った写真を見てみると、あらゆる造形が密集しているばかりか、天井からも吊り下げられている。展覧会場というより、ドンキの店内みたい（笑）。

松田　イメージしやすい（笑）。僕はドンキで画材なんかも買うし。

福住　面白いのは、理想展は非民主的な美術界へのアンチテーゼとして開催されたんですが、参加したのは必ずしも美術家だけではなかったという点です。横井は、いわゆる「大正期新興美術運動」（★15）のただ中にもいたので、同輩の岡本唐貴や柳瀬《やなせ》正夢《まさむ》といった美術家も理想展に参加していたんですが、そのほかにも美術家なのか何なのか素性の知れない人たちもたくさん参加していた。たとえば、自分で考えた発明品を展示する者がいたり、料理を振る舞うアメリカ帰りのおばあちゃんがいたり、自分の畑でつくった野菜を販売する輩《やから》がいたり。あとは「おれが作品だ」と言って自分の身体に値札をつけて会場をウロウロしていたやつもいたらしい。横井は「理想展は、宇宙的に、あらゆる人と物を抱擁する愛をもちたい」という言い方をしているんですが、その抱擁力は文字どおり当時の美術と非美術の境界をものみこんでいたわけです。実際、展覧会の初日は5月1日だったんだけどこの日はメーデー。日比谷公園から上野公園まで歩いてき

「理想大展覧会」1926年
上野にあった東京自治会館で開催。『やまと新聞』（1926年5月2日付朝刊）より

た労働者たちが会場になだれこんで「休息所」になってしまい、混乱を恐れた警察によって会場は午後2時半に閉鎖されたようです。つまり、美術と政治が接触する生々しい現場でもあった。

★15　1910年代後半〜1920年代前半にかけて、海外留学した美術家によって日本にもたらされた未来派やダダなどの潮流に触発されて生じた前衛美術運動。マヴォ〜三科結成がそのピーク。美術史家・五十殿利治の著作『大正期新興美術運動の研究』（1995年）によって提唱される。

卯城　新興宗教や占い師とかも参加してますよね。じつはマヴォのメンバーなんだけど（笑）。「横井のバカヤロー」って謎の張り紙もあってチャーミング。若かりしころの棟方《むなかた》志功《しこう》もいたり、あまり絡まないマヴォと桂さんが一緒にいたりして、まさに大正オールスターズ。あと販売についての規約文もイケてます。「理想展には、無名作家が多く、従って生活にも楽でない方が多いので、会場の一部で、ご自身の関係ある、雑誌、著書、雑品を御自由に売る事をおすすめします。（全て売品に対して会へ、手数料は不要です）」って。「おすすめ」してる販売の品になぜか「作品」は含まれていない（笑）。

松田　横井がこの「理想展」を「理想郷建設事業」のひとつとして考えていたのも最高だよね。横井は現実にある制度、その時代でいえば官展といった制度に介入してそのマイナーチェンジを行なうのではなく、オルタナティブとして「新しい公」をつくろうとした。つまり、現実にはない別の世界を「理想郷」として出現させることを考えていたわけだ。オルタナティブとしては望月の黒耀会とも親和性や類似があるけど、横井が展示だけには留まらない、まさに別世界である理想郷を「建設事業」として生み出そうとしていたところに、それを上回る器の大きさがある。

卯城　それほんとにすごく大事なポイントで、なんで理想展がヤバいのかっていう最たる理由かもしれない。世界をまるごとつくる構想を持ってたってのは、アートかどうか云々の議論を軽く飛び越えたスケールの大きさがあるし、絵画や彫刻の中に世界観を込めるのが限界だった当時の日本のアート観にはまったくそぐってない（笑）。ていうか、いまにしたって、じゃあそんなアーティストがほいほいいますかって話で。いまでこそ、アーティストの活動を、ワークとピース（作品）、プロジェクト、そしてソーシャルプラクティス（社会的実践）とかって分けて考える見方が定着しつつあるじゃないですか。社会に向けて実質的な活動をすることもアリになって

横井弘三（1889〜1965年）
撮影：中嶋寛
©イメージバンクナカジマ

いる。

アメリカの黒人アーティスト、シアスター・ゲイツは作品は陶芸だけど、名が知られてるのは、地元シカゴで暴動など歴史的な理由で廃墟化したビルをいくつも文化センターへと改築する運動のほうで、これ、やってるうちにアートスペースがどんどん増えていってシカゴのカルチャーシーンを一新しちゃったでしょ。環境とテクノロジーをテーマに美術館で巨大なインスタレーションをつくるオラファー・エリアソンも、作品とは別に、アフリカを中心に電気供給が不安定な場所に何十万というソーラーランプを配布し、太陽光発電を実際に世界に広めるソーシャルビジネスを展開してる。「理想郷建設事業」的な別世界の構想に寄せると、スロベニアのアートコレクティブ「ＮＳＫ」は自らを主権国家だと主張して、MoMAやフランスのリヨン、ロンドンといった各国のアートの現場で市民会議を開催してる。難民問題が深刻化した２０１７年のベネチア・ビエンナーレには自国のパビリオンを設置して、「無国籍国家」として市民になることを希望するすべての人たちにパスポートを発行しまくった。

こういう事例が増えてきたのは、アーティスト自身、作品のみで自己満足することがオールドスクールすぎていまの世の中に合わないって考えだしてるからだと思うんだけど、そのルーツはやっぱりヨーゼフ・ボイスの「社会彫刻」（★16）だって言われるでしょ？　ボイス自身も選挙に出たり、緑の党を設立したりと、１９７０年代にアートと世界を溶け合わせていたし。けど、その50年も前の「理想郷建設事業」を知ると、もうボイスですら、ルーツってより、こういう文脈のいちパートに思えてくる。未発掘の天才は各国にまだ埋もれてるんだろうし。

★16 ドイツの芸術家ヨーゼフ・ボイスが提唱した概念。あらゆる人間は自らの創造性によって社会の幸福に寄与でき、未来に向けて社会を彫刻することのできる芸術家である、という社会改革参画への呼びかけ。

ただ、ボイスと違って横井さんはその後アウトサイダー・アーティストみたくなるでしょ？　そういう意味でいうと、ボイスとかと比較するより、2013年のベネチア・ビエンナーレの企画展のテーマにもなって象徴的に展示された作品《エンサイクロペディック・パレス・オブ・ザ・ワールド（世界の百科事典的な宮殿）》と同じ感じのヤバさがある。これは、1920年代にアメリカに亡命したイタリア人、マリノ・アウリティが1955年につくった、世の中のすべての知識を集めて展示する架空の美術館構想なんだけど、長らく忘れられていて、そのビエンナーレの展示で世の中に衝撃を与えた。理想郷建設事業はそれくらいのインパクトがあるし、横井さんはアウリティより30年も早くそんなことをやってたわけでしょ？　マジで死ぬほどぶっ飛んでると思う。

松田　実際の社会実践として横井は、関東大震災で被災した小学校へ「贈り絵」と称した小サイズの油絵を200枚くらい制作し寄贈する、慰問目的のプロジェクトも行なっていた。それらと子供の絵とを合体・再構成した絵を二科に出展拒否されて、横井は激怒してるんだよね（笑）。当時はコンセプチュアルなアートどころかプロジェクトベースの作品なんて芸術だと考えられてなかったし、しょうがないんだけど（笑）。この「贈り絵」プロジェクトには、横井が目指す自由と平等の精神がよく現れていると思う。無邪気に描かれた子供の絵と、二科展作家でもある横井の共同制作による作品こそが、横井の「理想」の象徴だったのではないかな。もちろん西洋で、純粋であるって理由なんかで子供の絵に芸術性が認められる以前の話だからね。あと、このプロジェクトも震災がらみなんだけど、横井作品についてはやっぱり3・11関連なんかで見たことも聞いたこともない。

ほかには「芸術家革新運動」と題して、当時の日本美術界をディスりまくった演説を行なったり（笑）、「作家の生活の創造」として路上で肖像画を制作したり、被災者への寄付金集めもしたりして、理想郷建設事業を知らせるために「美術の革命」ってタイトルのパンフレットも配布していた。そのパンフレットには、理想展の開催、怪奇派劇の公開、変わった博覧会の企画、事業のスポンサー募集、などと記されていて……って、横井の理想郷建設への本気度ハンパない（笑）。

卯城くんが言うように、他の芸術家が絵画や彫刻ってワークとピースを残すことに執心するなかで、なんて異端かつ実践的なアクションなんだって驚くよね。これらすべてが、思想も含めて公権力からの規制が超強かった「公の時代」の大正時代に行なわれていた。あらゆる「個」を受け入れる、横井いわく「宇宙的理想郷」の建設事業として。だからか、その始まりとして、横井は理想展を「宇宙の赤ん坊」と称していた。

卯城　スケールでかっ。神様仏様横井様かよ（笑）。宇宙が相手じゃ、すべてのアートが霞んで見えるわ。

松田　そのスケールのでかさもあってか、理想展には思想上の理由なんかで仲違いしていたアーティストやコレクティブが再集結している。三科を除名された元アクションの神原泰《たい》や、すでにマヴォから距離を置き始めていたとも言われる村山知義《ともよし》と現行のマヴォのメンバーも揃って参加している。あらゆるものを受け入れる「宇宙」とはよく言ったもので、実際、「アートではない」と当時思われていたようなものをガンガン取り込んでいて。さっき2人が挙げた以外だと、僕は「贈り絵」の流れで児童画に注目したい。もう一度言うけど、ジャン・デュビュッフェが「生《き》の芸術」（アール・ブリュット）を考案したのが1945年だと言われていて、まだアウトサイダー的な良さもナイーブアートも認知されていないころに、前述のヤバいアーティストらとともに児童画が並んでいたことの意味はでかいと思う。横井の自由と平等の精神がここでも炸裂（笑）。このことは、いまの僕らにも「アーティストとは何か？」という問いを与えてくれる。既存の形式や芸術を疑う「反芸術」的な側面はもちろんのこと、まさしく「アート」への挑戦を感じる。なにしろ宇宙のような理想郷をつくろうとしてたんだもの。そんなん最強すぎるでしょ（笑）。こんなのが戦後ではなく、もうすでに大正にはあった。

福住　そう。だから村山知義なんかに言わせると、１９６０年代の読売アンデパンダン展とかの「反芸術」（★17）なんか、ちゃんちゃらおかしい。「こんなのおれたち大正時代にやってたよ」って言ってたって。

★17　ダダイズムから始まる、既存の美術の枠組みを問い直す芸術運動。日本においては１９６０年に評論家・東野芳明が「読売アンデパンダン展」に出品されていた工藤哲巳の作品を「反芸術」と評したことから広まる。ネオ・ダダイズム・オルガナイザーズ、ハイレッド・センターなどが挙げられる。

松田　そりゃ言うわ！　しかし、ここでもまた「なぜ大正の前衛が歴史的に『マスト』になってないか」問題が浮上するね。

「前衛」によって「戦前」を封印した
超「個」としての岡本太郎

福住　みんながみんなで大正時代を忘却したわけでしょう。いま見ると１９６０年代の反芸術はたしかに熱い時代だったように思えるけれど、じつはその見方は戦後を出発点にしたある特定の歴史観にすぎない。だいたい「理想展」みたいなヤバいアンデパンダン展が敗戦のほんの20年前に開催されていた事実を、１９６０年代に生きていた人たちは本当に知らなかったのかな？　仮に知らなかったとしても、読売アンデパンダンくらい大きな展覧会だったら大正時代の人たちも見に来ていたはずで、だったら両者がまったくの没交渉だったとはとても思えない。

実際、明治に生まれ戦前から「新人画会」などで活躍していた鶴岡政男は１９６０年代のヒッピーカルチャーにどっぷり漬かっていたわけだし、なにしろＬＳＤを注射したら画家はどんな絵を描くのかっていう、いまだったら絶対ありえないテレビ番組の企画で被験者になっていたほどだから。大正時代の忘却が意図的なのか、天然なのか、それはよくわからないけれど、60年代の人たちに話を聞けるうちに聞いておきたいよね。僕らが思っている以上に、「戦後美術」というストーリーは根深い。

松田　戦後を代表するアーティストの岡本太郎は、戦前を意図的に封印したように感じますよね。帝国主義を脱却して民主主義へっていう社会や世間の「空気」、そして公権力側もそれを後押ししたことは想像に難しくない。岡本ハンパないよ。

卯城　太郎さんまじハンパないよ。これについては先の五十殿さんの分析が面白い。太郎さんの戦後すぐの画文集『岡本太郎第一画文集――アヴァンギャルド』に収められた「アヴァンギャルドの精神」（1948年）を読み解いた五十殿さんは、こう解釈している。太郎さんにとってアヴァンギャルドとは「過去からの断絶を前提として、現在を奪取する挑戦であり〔…〕『今日と将来の問題』に関わる、したがって後ろを振り返ることをしない、身を賭して、ひたすら前進する」ものだったと（『日本のアヴァンギャルド芸術――〈マヴォ〉とその時代』青土社、2001年）。

もしこのとおりだとしたら、太郎さんすげー戦略家だなって思いません？　だって、戦前の日本に面白い芸術運動があったのを知ってる立ち位置にはいたように思うんだけど、「戦後」をパッケージする戦略として太郎さんの考える「前衛」を用いることで、「後ろを振り返らないいんだ！」って、過去との断絶を宣言したわけだから。「絵画の旧石器時代は終わった」って名言が良い例じゃないですか？　相変わらず超「個」っていうか、過去からの文脈なんていう美術史的な「公」共性よりも、太郎のほうが上回っている。なかなかできない芸当ですよ。そして、「戦前」を断罪して「戦後」に向かおうと意気込んでいた時代の節目に、そのラディカルさが日本で多くの共感を集めたのは想像できる。

福住　たしかに大阪万博の会場が潰されたあとも、万博へのアンチテーゼだった《太陽の塔》だけがしぶとく残っているように、岡本太郎はしたたかな戦略家だと思う。戦後のヨーロッパで流行りだした「アンフォルメル」をいち早く日本に紹介したのも太郎だし。アンフォルメルというのは、輪郭線で描かれた絵画ではなくて、画面に立ち向かう画家のアクションとか画面の物質的な絵肌を意味するマチエールを強調した絵画のことで、フランスの美術評論家、ミシェル・タピエが当時のヨーロッパで一大キャンペーンをくり広げた。それに乗っかったのが、じつは岡本太郎。太郎は1956年に日本橋の高島屋を皮切りに全国を巡回した「世界・今日の美術」展に関わっていて、これはのちの「具体」やら「九州派」やら、戦後美術を語るうえで決して欠かすことのできない美術運動に大きな影響を与えた。

つまりアンフォルメルは現代美術の起源のひとつとして歴史化されているけれども、起源というのは必ず起源の前を封印するから、太郎はアンフォルメルを日本に輸入することによって、結果的に大正を隠蔽したとも言える。だいたい岡本太郎からしたら村山知義はヨーロッパに留学した先輩にあたるわけで、たとえ彼が戦後は演劇の世界に行ったからといって、知らなかったわけがない。やっぱり確信犯だと思う。

松田　とにかく戦後の「公」の空気をつくった一人に岡本太郎がいて、意図的に「公」に対して影響を与えようとして成功したのだとしたら、もはや「個」を超えた超「個」だよね。一般的にもよく知られている太郎の「芸術は爆発だ！」って言葉も、芸術家がエクストリームな「個」を発揮する空気づくりに一役買っている気がする。ヤバい（笑）。いまはその効力が薄れ、「芸術が爆発」してない時代とも言えるかもしれないけど。

福住　「歴史化される」ということは要するに「整理される」ということだから、どうしても生々しい面白さが半減してしまうところはあるのかもしれない。たとえば「ネオダダイズム・オルガナイザーズ」は１９６０年代の代表的なアートコレクティブだけど、その中には赤瀬川原平さんや荒川修作さんのような美学派と、篠原有司男《うしお》さんのような肉体派が混在していた。その後のハイレッド・センターはどちらかといえば理知的でコンセプチュアルだったから、結果的に戦後美術の流れは肉体ではなく概念の方向に行った、とか。後の視点から歴史的に整理するとそうなるんだけど、でもいちばん面白いのはたぶん整理されないまま混在している状態で、理想展もそうだったんじゃないかな。いまでは、五十殿さんが命名したように「大正期新興美術運動」とひとくくりに整理されるけど、理想展の中には――それこそ美術家ではない人も含めて――有象無象が蠢《うごめ》いていたわけで、その後にプロレタリア美術とかシュルレアリスムとか、いろんな様式や運動が活発に活動する直前の段階としてあった。本人たちも歴史に名前を残そうなんてさもしい考えを持っていたわけではなかったんだろうし、だからこそ、こういう未整理で混沌とした状態がいちばん面白いんじゃないかな。

政治や社会の問題を投げ込んで「公」を形成した、ドクメンタ5

卯城　その内部矛盾したカオスな状態がひとつのまとまりになりうる面白さって、第3章の「多様性」とか、「個が集まっちゃった末の公共か、つくられた公共にセレクトされる個か」っていう議論の真髄ですよね。キュレーションがないことをいいことにした混沌（笑）。それでひとつ特筆すべきなのは、理想展は読売アンデパンダン展と違ってアーティスト・ランだったじゃないですか。アンデパンダン展って、アーティストという強い「個」がバラバラに集合する催しでしょ。で、キュレーションもなかったら何をもって秩序が生まれ、誰が一体感をつくるのか。理想展の場合、それが横井さんという、なんとも言えない愛されキャラのアーティストの「抱擁力」だった（笑）。

つまり飛躍した言い方をすれば、横井さん＝ひとつの公ということ。離合集散していたコレクティブのムーブメントの中で、横井さんが比較的無所属だったからできたってのもあるね。たとえば読売アンデパンダン展は、結果、読売のギブアップで終わるわけだけど、構造的にはやっぱ、エクストリームな個が企業の公的プログラムをめちゃくちゃにするか、企業側はそれを受け入れるか否か、っていうその綱引きが健全に成立した例じゃん。でも理想展は主催者がアーティストだから。企業や社会にエクストリームな個を受け入れる余裕がないときに、アーティスト・ランな受け皿がその役割を果たすっていうのは、いまにも通じる話だよね。

松田　質はおおいに異なるけど、岡本太郎と同じく横井弘三も超「個」だよね。岡本が「公」に介入して歴史をつくった、つまり「公」をつくり変える超「個」であったのに対して、横井は官展っていう「公」から出ていって、社会や世間って「公」に埋もれることもなく、また別の「新たな公」を理想郷としてつくろうとした。どちらも「公」に対してクリティカルなアクションを起こした、歴史的に重要な「個」だと思う。

いま横井に近いことを実践中なのは、ライブストリーミングサイトDOMMUNE（★18）の宇川直宏さんがまず挙げられるかもしれない。DOMMUNE（ドミューン）は「公」共放送に対するオルタナティブな放送だと言えるしね。地上波では絶対不可能なアウトローかつアンダーグラウンドな情報を含め、音楽を中心に宇川さん独自のネットワークとセンスによる配信を続けている。最近だと、ピエール瀧の逮捕を受けて電気グルーヴのツアーが中止になりCDなど楽曲も発売禁止になるなかで、電気グルーヴの楽曲オンリーによるDJプログラムの配信を5時間ぶっ続けて話題になった。その視聴者数は46万人にものぼり、そのことを、坂上忍がMCを務めるフジテレビの情報番組「バイキング」で「売名行為」とディスられると、今度はそれに対するアンサーとして坂上忍の楽曲オンリーの配信を行なった。

★18 デザイナー、VJ、アーティストなどの肩書きを持つ宇川直宏が2010年に開局したライブストリーミングチャンネル兼スタジオ。トークとDJプレイの2部制で毎週月曜〜木曜に5時間配信している。現在まで9年間にわたって配信した番組は約4000番組／約7000時間。

卯城 DOMMUNEが理想展と同じく既存の「公」のオルタナティブだってのは、そうだよね。DOMMUNEの名前の由来は、COMMUNEのひとつ先、ってことでDから始まるんだけど、それも、理想郷っていう「もうひとつの世界」を実践しようとして理想展をやった横井さんと似てる構造かもしれない。アートかどうかっていう業界内の話よりも、「もうひとつの世界」をつくる話。

松田　そうだね。とにかく「個化」したりして閉じた「公」から「個」があぶれたりすると、そういった「個」を含めたあらゆる「個」を受け入れる、新しい開けた「公」を超「個」がつくり出すっていうストーリーは面白いね。

福住　たしかに超「個」が新たな「公」をゆるやかに形成するという観点から歴史を見直すことはできるのかもしれない。今回は「大正を再発見する」という話が中心だったけど、ヨーロッパでいえばハラルド・ゼーマンがいる。もう亡くなったけど、世界的に著名なキュレーターで、彼も間違いなくエクストリームな「個」だよね。あまり言及されることはないけど、じつはゼーマンは1972年に「ドクメンタ5」を企画していて、これが大正時代の「理想展」のようなヤバい雰囲気だったらしい。

松田　となると、四段論法でいくと、ドンキのような＝理想展＝DOMMUNE＝ドクメンタ5なわけか。ドンキすげえ。って冗談です。続けてください。

福住　ヨーゼフ・ボイスが会場で観客と政治談義をくり広げたり、ハンス・ハーケがかなり具体的で政治的なアンケート調査をして、観客からの回答を会場に掲示したり。「いま選挙があったらどの政党を支持するか」という質問だけじゃなくて、「カッセル市、ヘッセン州、ドイツ政府が税金でドクメンタを経済的に援助しているのに賛成か」とか「共産主義的組織のメンバーは官僚から締め出されるべきだと思うか」とかいうものもあって、むちゃくちゃ尖りまくってる。それからヘルマン・ニッチェやオットー・ミュールといったウィーン・アクショニズムの連中が動物の血まみれの臓物《ぞうぶつ》を使った惨劇の写真を展示したり、黒人男性が複数の白人男性たちにリンチを受けている、かなり際どいインスタレーションもあったりしたみたい。

卯城　ヘルマン・ニッチェの臓物まみれの写真シリーズ《6-Day Play》は「にんげんレストラン」でも展示しました。これ、屠殺《とさつ》に関係している超絶グロいアクションの記録写真なんだけど、「にんげんレストラン」ではそれが展示されている部屋に生きた鶏を2羽放し飼いにしてましたね。そのすぐ横では物乞いする松田くんが展示されていて（笑）。

松田　僕にとってヘルマン・ニッチェは「流血のイメージ」の先輩で、その隣にいるのは感慨深かったよ。アメリカ西海岸のアートの巨匠で、全身ケチャップだらけのパフォーマンスで流血を連想させたポール・マッカーシーに影響を与えた人物とも言われているね。僕が前に話した、偽の血を使って死んだふりをする《リビング・メッセージ》のパフォーマンスは、マッカーシーの影響もろの作品だから、僕にはおじいちゃんにあたる人と一緒に展覧会やった感覚があるよ（笑）。

卯城　あと完全な余談なんですが、そこにいた2羽の鶏は「右」と「左」と名付けられて（どっちがどっちかはその都度の位置で）愛され、会期後は親切な友人が所有してる山の中の最高な環境にあるニワトリ小屋にもらわれていったんですが、「右」も「左」もつい最近野生のイタチに襲われちゃったらしいです。その超絶グロい現場写真を見た瞬間なんかデジャヴュを感じたんですが、あの同じ部屋のヘルマン・ニッチェだったんですよね。マジなんかの輪廻がめぐってきたのかと思いました（笑）。すみません、ドクメンタ話続けてください。

福住　輪廻といえば、このドクメンタ5をレポートしているのが『なぜ広島の空をピカッとさせてはいけないのか』（無人島プロダクション、２００９年）に登場していた美術評論家の針生《はりう》一郎さんなんだよね。それはともかく、あまりにも状況がカオスだったので、当時の新聞が「ドクメンタ6は開かれてはならない。ドクメンタ5はひとつの終末だからだ」なんて酷評を掲載したほど評判が悪かった。でも見方を変えれば、ドクメンタ5は大正時代の「理想展」のように、いま現在の視点から振り返るとかなりヤバめの魅力的な歴史的事実として浮かび上がってくる。

松田　ゼーマンは「キュレーションの時代」をつくった一人ですもんね。僕らは、キュレーション主導すぎてアーティストが追従するだけに見えてしまう展覧会やアートイベントに触れて、アーティストが覚えられない「代替可能な個」になってるんじゃないかって前にも話したけど、そのとき卯城くんが理想に掲げていた、キュレーターもアーティストも「エクストリームな個」としてしのぎを削るってことが「ドクメンタ5」にはあったように思えるね。そのせめぎ合いの結果、歴史的に前例のないカオスでヤバい展覧会ができあがるっていう良い例かもしれない。その際はもちろん興行的なリスクが発生するわけだけど。

卯城　にんげんレストランも赤字だったしな……（笑）。

福住　いまゼーマンといえばスーパーキュレーターの元祖みたいな感じで奉《たてまつ》られているけれど、もともとは20世紀初頭にスイスのアスコナにあった芸術家や思想家のコロニー「モンテ・ヴェリタ」の展覧会をキュレーションした人。これはヘルマン・ヘッセとかユング、パウル・クレー、ルドルフ・シュタイナーといった当時の最先端のアーティストが次々と訪れたコロニーで、ゼーマンは「モンテ・ヴェリタ」のアナーキーな雰囲気に魅力を感じたはずです。それはおそらく僕らがいま、横井弘三の「理想展」に食いついているのと同じなんだよね。つまり、ある特定の熱量をもって歴史を見直し、大切なものを掘り起こそうとしている。

個人が集団的に DIY通史を書いたっていい

福住　いずれにせよ、歴史は完成された物語というよりは、絶えず語り直されるべき未完成の物語だということだね。グラフィティの面白さを知った瞬間に街の見方ががらりと変わるように、存在していなかったわけではないのに、急にその輪郭がクリアに見えてくるようになることがあるし、逆にちゃんと見ていたはずなのに存在感が乏しくなって見えにくくなることもある。つまり、僕らの視点はじつはそんなに確かなものではない。なので「〝大正時代がブラックボックス化〟されている」と言われると、なにやら陰謀論じみた話に聞こえるかもしれないけれど、全然そんなことはなくて、むしろ大正時代の存在感が増してきたということは、それだけいまの時代が急激に変化してきたということ。たとえば最近の戦前回帰、明治礼賛の動きが典型的だけど、政治・社会が全体的に右傾化してきているからこそ「公」が社会的に全体化していくなかで、「個」を確立しようとしていた大正が立ち上がっているのかもしれない。現在の状況がさらに変化すれば、大正ではなく、また別の過去がよみがえることだってあるわけだし。歴史研究はつねにオンゴーイングであるべき。

卯城　ほんとですよね。でもオンゴーイングだとはいえ、日本のアートの通年史はやっぱいまのところの視点からでもほしいよね。専門書によって情報が飛び飛びだから、歴史の流れが見えにくい。

松田　中ザワヒデキさんがつくった通年史『現代美術史日本篇』（改訂版はアートダイバー刊、2014年）も起点は1945年だったよね。てか、そういえば卯城くん自作ですげー細かい年表つくったよね。2日くらいで。あれ笑ったわ。

卯城　明治17（1884）年のスーラやシニャックらによる「アンデパンダン協会設立」から始まる年表で、桂さん（望月桂）、岡本一平、藤田嗣治の同級生3人を主役にしたやつね。昭和38（1963）年の岡本太郎によるハイレッド・センターの展示のテープカットと、その翌年、昭和39（1964）年の東京オリンピック開催と漫画雑誌の『ガロ』創刊まで続く。太郎は岡本一平の息子、『ガロ』を創刊した『カムイ伝』作者の白土《しらと》三平は、大正期新興美術運動の中心人物・岡本唐貴の息子でしょ？　そして子供だった僕へのサンタクロースからの贈り物は『カムイ伝』で、ハイレッド・センターはChim↑Pomへの影響モロだからこれでＯＫ……ていう超偏った年表です（笑）。客観的な年表に出会えなかったから始めたんだけど、結果的にはやってよかったよ。自分に関係する歴史の編集はＤＩＹが一番！

福住　いや、卯城くんのあのＤＩＹ年表（本書巻末に掲載）こそ、歴史研究の理想だと思う。現在の自分から出発して歴史を深掘りしていくと、見えにくかった系譜がどんどん見えてきて、いろんなつながりや風景が広がっていく。大正が浮上したのはあくまでもその結果でしょう？　いわゆる「通史」というのも、客観的に見えるけど、じつは主観的で個人的な関心に基づいているわけだし、今後通史の作成が可能であるとすれば、そうやってＤＩＹの関心と技術を持った個人が寄り集まって集団でやる仕事になるような気がするんだよね。というか、個人が単独で客観的な歴史を記述するというスタイルは、いまにして思えばじつは非常に昭和的だった。美術史家であれ美術評論家であれ、誰か特定の「個」が美術史という「公」を担うというのは、松田くんが言う「エクストリームな個」のモデルのまんまでしょう。それは一見すると「公」のようだけど、そのじつ「個」が「公」を装っているにすぎないのだから、言葉本来の意味での「公」にはなりえない。

しかも、卯城くんが言うように現在が「公の時代」になりつつあるとしたら、そういうある意味でマッチョで「エクストリームな個」を同じくマッチョな「公」に対置させるだけでは時代錯誤もはなはだしい。

松田　たしかに美術史だけと言わず、学校で一律に習うような自国史や世界史だって、国によって「マスト」な部分が違ったりして国ごとに歴史観が変わったりしますもんね。それこそ教科書検定をめぐる官と民のせめぎ合いによって、その国の「公」がつくられていると言っても過言じゃないですよね。「個」がそれぞれの目的にかなう違った歴史観を持つことは、雑多な「個」を生む要因にもなります。

福住　なにしろ「公」が「個」化する一方で、「個」が「公」にセレクトされるんだから、「個」がいくらエクストリーム化したところで、それが「公」になりうるかどうかなんて保証されるわけではないし、そもそも「公」にセレクトされる時点で、大正時代と接続できるかも疑わしい。だって大正は戦後という「公」によってこれまで露骨に黙殺されてきたわけだから。「公」をそのまま信じてしまうのは、あまりにもナイーブ。松田くんの公園の話のように、日本ではそもそも言葉の本当の意味での「公」が実現していなかったんじゃないかという疑いすらある。

だったら既存の「公」を軽く聞き流しつつ、それぞれの「個」を寄せ集めて、「公」の内側で、もうひとつの別の〈公〉を自分たちで新たに立ち上げるしかないんじゃないか。たとえそれが仮設的なものであったとしても、それがいまの時代にふさわしい新しい公のつくり方だと思う。最近アートコレクティブが増加しているように、集団的な主体性に基づく批評や歴史研究があったっていい。この本がまさにそうだけど、卯城くんや松田くんのようなアーティストが歴史を語ったっていい。五十殿利治さんと椹木野衣《さわらぎのい》さんが何か共同で仕事をするような企画を『美術手帖』が仕掛けたっていい。そういう細かい実践の積み重ねが結果として、もうひとつの〈公〉を練りあげていくことになるんじゃないか。大丈夫。できることはまだまだたくさんある。

7　大正の前衛が開いた個のポテンシャル

公権力が拡大するなかで小さくて危険な「祭り」をつくる

卯城　福住さんに内容を説明してもらった「理想大展覧会」（理想展）は、いわば大正の最後（1926年5月1〜10日）に開かれたわけだけど、それ以前にはマヴォとかアクションとかDSD（第一作家同盟）とか未来派美術協会とか三科とか、とにかく、僕にも実態がよくわかんなようないろんなグループが結成と解体をくり返してたんだよね。で、そこから一度バラバラになって「個」に戻っていた人たちが理想展で再び集合した。だけど、理想展はもはや、思想だの方向性だのアートかどうかだのといった個別の違いはどうでもよくて、なんでもアリな「公」がアートになりうるのかを試す場所だった。その実験として、「アンデパンダン」と「お祭り騒ぎ」って枠組みが採用されたように見えるよね。祭りってそもそも無礼講《ぶれいこう》になった「個」が集まれる場所でしょ。

松田　祭りといえば、日本は「奇祭の国」って言ってもいいくらいわけわかんない祭りがたくさんあるよね。裸祭りもヤバいし、かなまら祭りもウケる。かなまら祭りなんて、露店で買えるチンコ型のキャンディを女性がぺろぺろしていたり（笑）、でかいチンコ型の彫刻に子授けを願う夫婦なんかが進んで跨《また》ったりしてるからね。たしかに祭りでは、普段はエクストリームなんて目指さない「個」たちが、狂った「公」を形成しようと盛り上げるしね。

卯城 そうそう。狂うことに肯定的。

松田 とはいえ僕らが話した黒耀会にしろ理想展にしろ、この2つのアンデパンダン展はどちらも公権力が監視するなかでの「祭り」であったことは見逃せないね。

卯城 マジでとくに大正後半は思想や表現が取り締まられて、「公の時代」のエスカレートがすごいから。1923（大正12）年の関東大震災を機に不穏なことが連発するんだよね。アナキストや社会主義者らは憲兵に虐殺され、民間人も自警団をつくって朝鮮人を虐殺しまくる。その死者は数百人から数千人までと諸説あるけど、どっちにしてもえげつないよ……。内政では普通選挙法と引き換えに治安維持法が制定されて、外交では日英同盟が失効し、戦争への伏線となる……まさに大波乱じゃん。

松田 震災以前にも不穏なことは少しずつ起こってたんだよね。1918（大正7）年の米価高騰に起因する米騒動では陸軍に刺殺された人も少数いて、全国で2万5000人以上の検挙者が出たらしい。1920（大正9）年には京都赤旗事件っていう社会主義者の弾圧事件があって、翌年の1921（大正10）年には、新興宗教の大本教《おおもときょう》を当局が統制・弾圧した事件がある。そうやって大正時代の末にかけて公権力による弾圧が増す最中、右翼勢力は拡大していく。にもかかわらず、震災の年にマヴォが生まれ、その前年に発足したアクションやDSDといったコレクティブや、第1章で紹介したバラック装飾社などが、震災直後から過激な運動を展開した。

卯城　「公」が強権的になる一方、市民たちも自発的に警察化することで、ある意味「公化」し、官民一体となってあちこちで人間を殺し回ってるなかで、だよ。危なすぎでしょ。治安維持法は理想展の年（1926年）には初めて適用されていて、そこからはもうガッツリ。同年末の昭和改元で空気はガラッと変わり、「公の時代」に真っしぐらだから。2年後の1928（昭和3）年には共産党が一斉検挙されて（三・一五事件）、野党四党には解散命令が下されてるもん。

松田　つまり、軍部や右翼勢力に権力を集中させた「個化する公」と、それに追従する「滅私奉公」の自警団たちが出現してくるようになるわけか。

卯城　滅私奉公……。忘れてたけどすごい言葉だな。個人と公の関係を表すエクストリームワードだわ（笑）。てか、第4章で「個の私化」について話したじゃん。個人が私化する時点で「個」が消えていくっていう。けど、その先で「滅私奉公」したら、もう「私」すら消えちゃってるじゃん（笑）。個でも私でもなきゃ、その人たちなんなん（笑）。公人？　奉公人？

松田　「滅私奉公人《めっしほうこうじん》」だよ（笑）。

卯城　滅私奉公人（爆笑）。やば。ネットで誰かと同じ言葉使って炎上させてるやつらを思い出すわ。「滅私」して自分で物事を考えないもん。さらに「奉公」しちゃったら完璧な正義感で周りの「私」をも滅せるわ（笑）。

松田　「滅私奉公人」ヤバいよ（笑）。これは昭和になると特高《とっこう》（★19）の過激化や隣組《となりぐみ》に発展するからね。とにかく、エクストリームな相互監視社会だよ、えげつねーわ。

★19　特別高等警察の略称。1911年ごろから日本に設置されていた政治警察で、無政府主義者・共産主義者・社会主義者などの反体制とされる言論や政治活動を取り締まった。1945年にGHQの指示により解体。

卯城　ヤバいね。そんな震災と虐殺の混乱の中で、アーティストたちはいくつものコレクティブをつくったわけでしょ。少数精鋭、すぐに解体できるくらいのフレキシブルさで、権威のなさが特徴。だんだん相互監視的に感じ悪くなってきた社会や、二科会という美術業界内の権威へのカウンターにも見えるけど、そういう大きな「公」への反発から、小さい規模のコミュニティをいくつもつくってみることで、ある意味ひとつの「公」のあり方をＤＩＹ的に実践していたようにも見える。

汚れた猿股から労働者の絵画へ

卯城　で、いまの状況とも重なるけど、そんなコレクティブのブームはそこで完結しないんだよね。コレクティブや個人が大同団結して、三科や理想展といった、さらにもうひとつ上の「公」をつくっていった。コレクティブっていうより「シーン」に近いのかな。いまから見ると、理想展や、その7年前に結成された黒耀会は、アンデパンダン展という形式を採用した「シーン」のバリエーションに見えるよ。

松田　なるほど。大正時代のアンデパンダン展でいえば、ほかには元「アクション」メンバーの中原實《みのる》が「無選首都展」っていう展覧会を無審査で行なっているね。これにも村山知義などのマヴォイストや横井弘三なんかが参加している。会場は中原自身が設計した画廊九段というギャラリーで、アナーキーな作家たちのたまり場でもあったらしい。ギャラリーっていう場所のせいか、他ジャンル同士のるつぼだった黒耀会や理想展とは趣が違っていたようだけど、こうした実践が数多くあったことは想像できる。

卯城　大同団結型グループでいったら、大正のラディカリズムの決定版として、やっぱ「三科《さんか》造形美術協会」（三科）がよく語られるよね。

松田　三科は大正期のもっとも先鋭的な美術団体としてよく言われるもので、マヴォ、アクション、ＤＳＤ、未来派美術協会といった、強烈な個性を持ったバラバラなコレクティブのメンバーが大同団結し、狂ったイベントを連発した。時期でいうと１９２４（大正13）年から１９２５（大正14）年。震災の翌年から。

三科は揉めに揉めまくって1年にも満たずに解散して、結局セックス・ピストルズみたいに伝説だけを残したんだけど（笑）。面白いのは、三科にはこれまでどのコレクティブにも属していなかった、のちに理想展を開く横井弘三がいきなりいて、無所属アーティストとして誰からも重宝がられていたということ。どのメンバーともしがらみのない「蒸留水みたいな人」として、つまり超いいやつってことで、三科の事務所も横井の自宅に設定されたらしい。横井の「八方美人力」、やっぱりヤバい。

卯城　宇川さんとカブせるなら「博愛主義力」でよくない？（笑）　理想展が横井さんの抱擁力とアンデパンダン展に基づいた「誰でもオッケー」なユルい多様性だとしたら、三科は選ばれしコレクティブと個人たちによる団結でしょ。前者は有名無名関係なく参加者全員個人だけど、後者はほぼグループによる合併なわけ。だからか三科のほうがセクト間でバチバチ火花散らしつつ議論してて、よりハードそうなんだよね。横井さんはそのあいだで軽やかに立ち回るキーパーソンだったのかも。だからか、当時過激な言葉で誰にでも噛みついていたマヴォの狂犬・岡田龍夫は、第1回の三科展（1925年）を外部者としてディスりまくってて、「首だけは大事にしまっとき給え！」ってケンカ売ってんだけど、横井さんには「君はけがれた三科の中でただ一つの宝玉である」って好意を示してるんだよね。

松田　そりゃ「さん」付けで呼ぶわ（笑）。

卯城　その結果、第2回の三科展（1925年）から岡田も三科のメンバーになって、三科解散の元凶になっていくらしいんだけど（笑）。でも、なんかそのバチバチした緊張感って、逆にラディカルな三科にとっては栄養でもあったんじゃない？　きっとそれが内部のアーティストたちに強烈な競争意識をもたらしていたと思うよ。だって三科はそれぞれの作品やプロジェクトがめっちゃ尖ってるでしょ。まさに60年代に来たるラディカルな前衛アートの先駆けって感じ。とくに第1章でも話した三科によるプロジェクト「劇場の三科」はヤバい。全11演目を美術家たちがＤＩＹで実現した実験劇場だった。

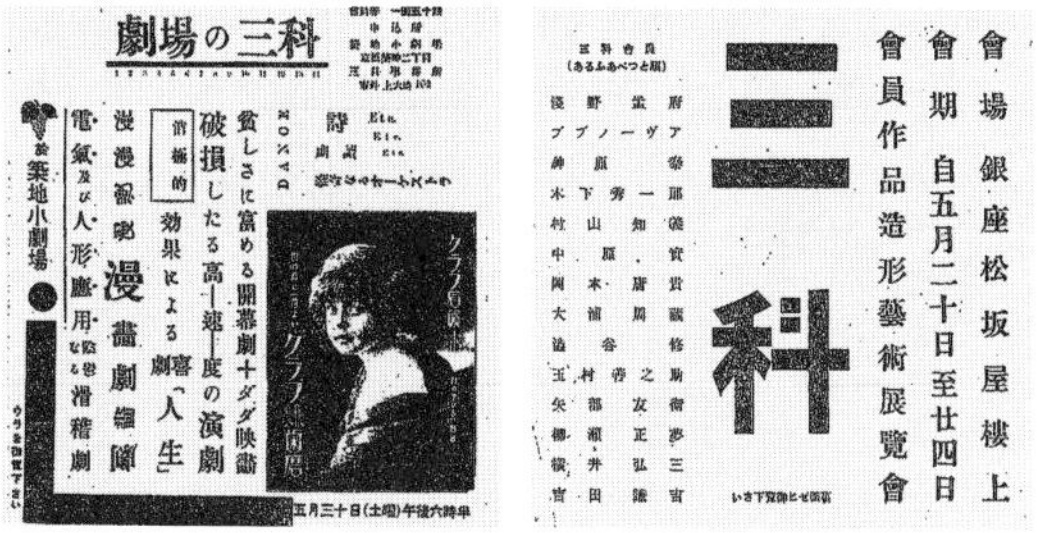

「三科」展および「劇場の三科」チラシ 1925年（第1回）
1年弱の活動期間中、2度の展覧会と1回の公演を行ない解散。

松田　意味不明な詩の朗読から始まって、観客に聞こえない小声での演劇、ほかにも観客に向かってバイクをフカしたり、通路を焼き魚の煙で満たしたり。当時、ここまでアートに見えないことを平気でやってる感じがすごくない？　村山知義の演目名は「子を産む淫売婦」だよ。強烈（笑）。

卯城　新聞広告で「つまらなければ大成功」とうたってたりね（笑）。三科は展覧会も狂ってる。

松田　元アクションでのちにプロレタリア美術の代表的な作家となる岡本唐貴の作品とかマジひどくてよい。1925年の第2回三科展に出した《ルンペンプロレタリア》なんて、岡本の回想によると、いろんな階層の人の名札や縄梯子、よれよれの着物、オナニーで汚れた猿股なんかがぶら下げられたもので、自分で「神妙な不快さが陳列されてあった」とか言っている（笑）。

卯城　マジでそのインスタレーション、再制作でいいから生で見てみたいよね（笑）。までも三科はその後すぐに内部の確執や思想の違いで終了となる。

松田　けど、解散した三科の主だったメンバーも理想展には再集結してるでしょ。横井の「八方美人力」ここでもヤバい（笑）。戦後はその画風からか「日本のアンリ・ルソー」なんて呼ばれ、素朴でプリミティブな作家として一部に認知されてるけど、やっぱりそれだけじゃ測れない。だいたいルソーはだいぶあとなんだから、向こうが「フランスの横井」だよね（笑）。横井さん、アンタ「マスト」だよ！

で、理想展を最後に大正が終わる。理想展も三科も内部矛盾ありきのカオスだったけど、昭和になると、こうした前衛運動に関わっていた人たちは、それぞれの方向に整理されていくんだよね。主にはプロレタリア美術に流れて社会主義のプロパガンダ化して

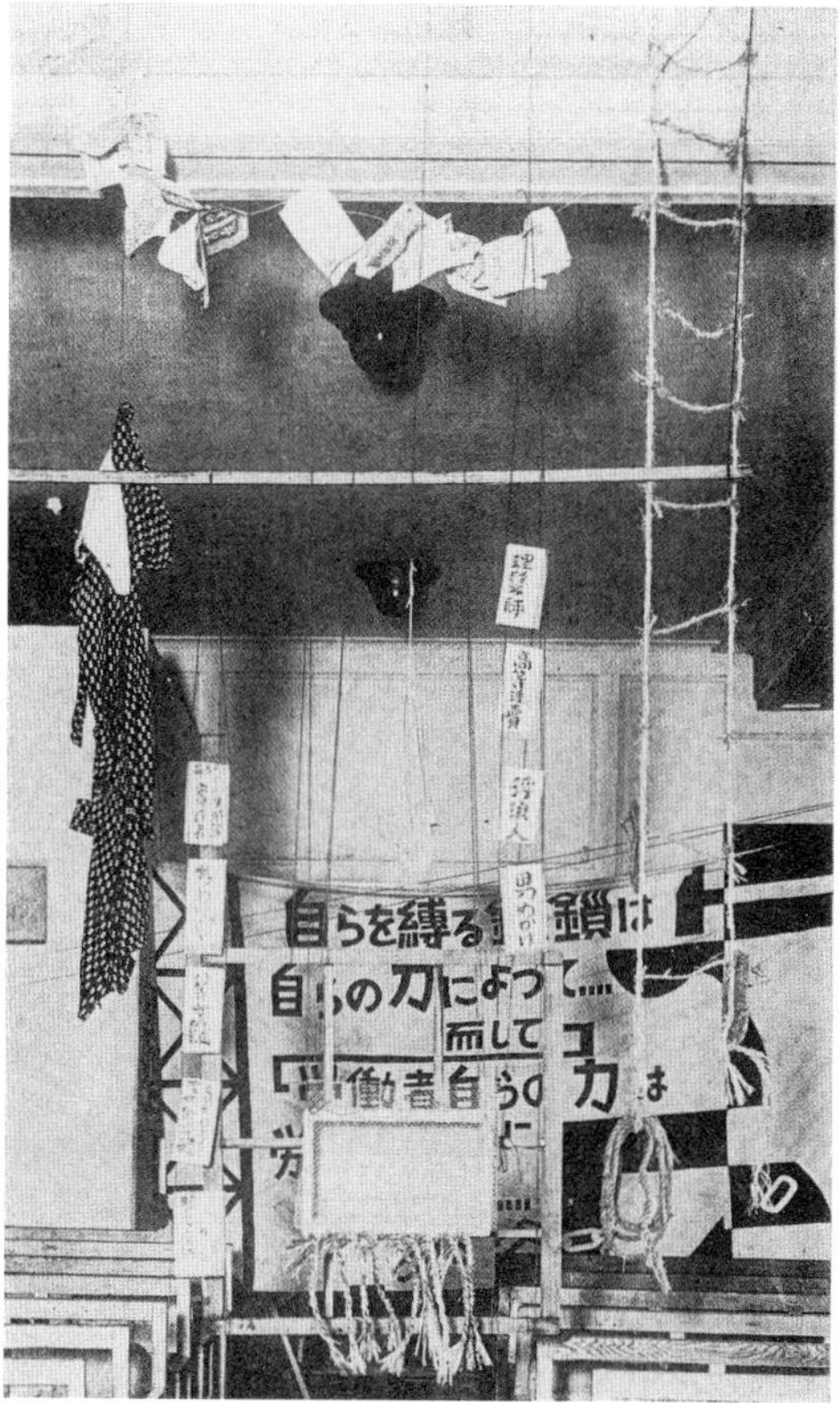

岡本唐貴《ルンペンプロレタリア》1925年
第2回三科展（1925年）に出品したもの。その場で制作。
『岡本唐貴自伝的回想画集』（東峰書房、1983年）よりいくんだけど。

卯城　社会が俄然戦争ムードになると、もうダダとか無意味とかアホなこと言ってられなくなるんだろうね。「芸術は社会に対して無力なのか？」とか、ガチで問われたんだと思うよ、きっと。いまの状況にも重なるよね。

松田　オナニー後の猿股を展示していた岡本唐貴のような人が急に、労働者の争議行為の風景みたいな社会主義リアリズムの絵を描いたりする時代になるわけだ（ちなみに岡本は、『蟹工船』で有名なプロレタリア文学作家で、特高に虐殺された小林多喜二の死に顔も描いている）。ユニークでエクストリームな個をそのまま体現したような、髪の毛やら猿股やら震災後のゴミやらなんていう直接に肉体的で謎をはらんだ際どい表現よりも、労働者のデモやストライキ、工場などの生活風景へとテーマやモチーフは限定され、表現形式もポスターや絵画など、より形式的なものになっていく。社会や世論に100パーセント向き合うって意味では、戦争画とプロレタリア美術は政治的立場は逆ながら制作動機が似通っているね。プロレタリア美術は「全体主義への抵抗」として、戦争画は「全体主義の教化」として。

卯城　作品が「個による公共事業」みたいに、わかりやすくなるんだよなー。ダダのときはあんなに謎だったのに。大衆に理解されようとして、テイストを一般のみんなが理解できる範囲にパッケージしてるように見える。身体による謎のアクションだったのが、タブローに描くメッセージ的な絵画になり、無意味な響きだった「ダダ」が、労働者階級を意味する「プロレタリア」というスローガンに変わる。現在のポリコレにも当時のプロレタリア美術にも当てはまると思うんだけど、つまりそういう、一般化への目的を持った社会的なアプローチは盛んになる一方、その同じタイミングで失われる、ある種の「個による公へのアプローチ」があるわけよ。言い方を変えれば、当時もいまも、公共の場から、いままで言う「前衛」、つまり先鋭的な「謎」の個がいったん失われる。

全体主義をイラつかせるアートの「個」

卯城　そのプロレタリア美術もたび重なる弾圧によって、1934（昭和9）年ごろまでには勢いを失う。その一方で「前衛」のお株を奪うようにして次に出てくるのがシュルレアリスムでしょ。シュルレアリスムといえば、またまた足立元さんの『前衛の遺伝子』での扱い方がヤバい。じつはここに、「公の時代のアーティスト論」のひとつの本質が書かれてるんだよね。

松田　日本の戦前の前衛芸術運動って、シュルレアリスムの弾圧によって終結感が出る。決定的なのは、１９４１年の福沢一郎と瀧口修造の検挙（★20）。けど、検挙前から瀧口らシュルレアリストたちは弾圧を逃れるためか政治色を抜き、日本の伝統を論じたりもした。じゃあ体制側はいったいシュルレアリスムをなんでここまで弾圧したのか？　その根本的理由について足立さんは、弾圧した側の人間が書いた当時の評論を解析することで示してるんだよね。

★20　１９４１年４月、シュルレアリスムの中心人物だった洋画家・福沢一郎と美術評論家・瀧口修造は共産主義とのつながりを疑われ、治安維持法違反容疑で特高により逮捕。７カ月間勾留を受ける。２人の検挙により、日本のシュルレアリスムも変質する。

当時、『原理日本』という右翼系の雑誌があった。足立さんによると、この雑誌は戦前期にめっちゃ大きな力を持っていて、左派弾圧のきっかけになる記事を多数掲載していた。滝川事件や天皇機関説事件など、いくつもの検挙の糸口をつくった雑誌だという。その同人の一人に田代二見《たしろふたみ》という画家がいたんだけど、そこで彼は、シュルレアリスムのような個性尊重に見える美術を「グロテスク趣味」「美術の退歩」「個人性が指導精神たるべくもない」などとボロクソ批判する文章を寄稿していた。緊迫度も影響力も比較にならないけど、いまで言えば保守系雑誌の『正論』なんかで国粋主義的な映画を絶賛しているのがこれに近いかもしれない。ちなみに田代による『原理日本』での執筆は１９２７（昭和２）年、つまり理想展の次の年にはもう始まってる。

卯城　大正から昭和になったばっかだよね。いまから振り返って見ると、改元ってやっぱ時代の変わり目として影響はかなりあった気がするんだよな。「時代が変わった」って空気が変化を推進したんだと思う。

田代の言い分をわかりやすく言うと、西洋由来の前衛芸術は、ダダであれシュルレアリスムであれ、個人主義をもとにしていると。それに対して、田代らが代弁する「国家」が目指すべきは全体主義であって、それは言うなれば「公」のもっともエクストリームな形態でしょ。ウチらは現在や大正を「公の時代」として捉えてるけど、どっちもまだ公と個のせめぎ合いがあって、表向きにはまだ個が尊重されるくらいには暗黒ではない。でも、全体主義的な公と個とのバランスは10対0だから。必要とされる個人は「滅私奉公人」のみっていう、超絶エクストリームな公の時代（笑）。かたやアーティストというのは世の中に対して「個のエクストリームな振り幅」をつくれる存在でしょ。だから、個人主義と全体主義との相性は言うまでもなく最悪。田代はまず、西洋由来の芸術の、そうした個人主義的な側面を批判した。つまり全体主義をイラつかせるアートの本懐は「個」性だった。

松田　滅私奉公人のカリスマ（笑）とも言える田代にとっては、「個」を尊重して見えるものは、もう何言っててもアウト。というのも田代は、日本人が日本人として持っている美意識のようなもの、つまり日本にもともとあった自然や信仰に「個」が接続しなければ、真の芸術ではない、と書いてる。その美意識のようなものの象徴として挙げられるのは、天皇の和歌。そこに接続しない個性尊重の芸術は、ただの個人の幼稚なわがままである、という理屈。

でも、アートがただの個性尊重の「個」人主義かっていったら、そうでもないでしょ。足立さんは田代の文章と西洋のシュルレアリスムを分析することで、もっとアートの深部に迫っている。田代が「個性主義」と断定した西洋のシュルレアリスムは、本来は「個人の意識を超えた無意識や集団の意識」に迫ろうとしていた芸術で、全然個性を尊重するだけの芸術じゃない（笑）。「個」を超えたところに真の芸術性があるという点で、両者には似通ったところがあると足立さんは指摘している。つまり、表面上「公」的なものを代弁する田代と「個」的なものに見えるシュルレアリスムが、個を超越した「アート」を目指しているという点で本質的には同じようなものではないかと言っているんだよね。

ってこれ、僕らの普段の現代アート観にもつながるところがあるでしょ。「個」を超越するって、僕らの言う「個のエクストリーム」と通底しているところがあるし。表面上は公的なモニュメントであろうが、個人の悩みや妄想から発したものであろうが、全人類的な問題や美意識なんかに接続していると感じるものを僕らも「アート」だと思うよね。お絵かき教室で誰かの描き方を模倣するような、「私的」にあふれた個性尊重っぽい作品なんて、僕らも「アート」だと思わないでしょ（笑）。つまり、ほとんどのアーティストだってある意味、滅「私」してると言えるね。

卯城 だよね（笑）。作品が個人によってつくられるなんて、どの立場からしても当たり前で、だけど作品は「個」や「私」を超えた何かしらの普遍性に到達しないといけないわけじゃん。その理屈自体は、現代美術であれ近代美術であれナショナリストの美術であれ、アートであるかぎりは共有できる。だからといって、その普遍性の象徴が天皇の和歌で、主義が合わなきゃ弾圧ＯＫっていう田代の主張は、エクストリームすぎてついていけないけども（笑）。

でもこの田代の論理って、アート論としてはある意味複雑さがあってオモロいけど、「公」側の目的に沿ってパンピーをターゲットにして安易にリパッケージしたら、途端に「全員で一致団結」して大きな目的を遂行しようっていう全体主義の論理にもなっちゃうわけでしょよ。

松田　そういった公の運営側の「全員で一致団結」のかけ声に対して、日本のマジョリティも「そうだ！　そうだ！」ってアンサーしちゃってるのが現状だしね。滅私奉公人が増えるわけだよ。「礼儀正しく勤勉な、やさしい日本人」が理想で、「礼儀がなってない怠け者で、やさしくもないカス」はクレーム対象。公権力側にもマジョリティにも、理想の「公」に合わない「個」は邪魔になるだけ。

この間（2019年5月）、川崎市で引きこもり状態だった人が、小学生や止めに入った人たちを刺殺する凄惨な事件があったよね。その後、こういった事態になるのを恐れてか、東京の練馬区でひきこもり状態の長男を父親が殺すって事件に発展した。ネットなんかでは殺した父親に対して「よくやった」とか「同情する」なんて声が多数あったんだよね。もはや「世界中を敵にまわしても、俺だけはおまえの味方だ」なんて話は家族内でも絶対的ではなくなってきて、世間や社会っていう「公」のために「個」を殺すことを良しとする人間が増えてきているとも言えないかな。実際に命を奪うって意味だけではなく、「個性」を殺すって意味でも。まさに滅私奉公人のことで、世間に迷惑をかけるな、っていう言動のエクストリーム版だよ（笑）。これまで話してきた、現在の美術や社会に対する違和感につながる何かが、田代の論理や一連の引きこもり事件にはある。

卯城　僕は高校中退して社会の典型的なレールから外れて以来、ずっとニートっ気があって生きてきた。バイトも続かないし、興味もないし。だから実際ニートだったときはやっぱ家でほとんどの時間を過ごしていたよ。金もなかったし、引きこもりみたいなもんだった。ただ、外に出なかったのは、家の内と外との距離が、そのときの僕の中ではほんとに遠かったからなんだよね。外は社会人然とした人たちばっかりで、おのずと自分とのギャップを感じてしまうし。けど、バックパッカーとして外国なんかを旅すると、たとえばドラム缶で焚き火しながら昼間から酒飲みつつ将棋みたいなボードゲームしてるような呑気なおじさんが外にウジャウジャいる風景に出会うでしょ。当時の僕には、そういう外の風景との距離のほうが、日本の家の内と外との距離よりも近く感じたんだよね。

だから、社会が俄然昔より社会然としてきたいまの日本で、引きこもりの人たちがフィジカルな外の場を遠く感じ、屋内にいながらネットの世界に「外出」することで人とのつながりを保つ心理はよくわかる。今回の事件について、どうしたら手を差し伸べられるか、なんて社会人目線で話すコメンテーターをテレビで見るたびに、それより本質的には、みんなほんと、フィジカルな外の場でも、とにかくもっとダラダラしてりゃいいんだよ、とつくづく思うよ。でも何度も言ってきたように、公共の場はどんどんそれとは逆の方向へと進み、引きこもりのような（ある種の）「個のエクストリーム」やカスな僕らの居場所は縮小し続けている。

松田　現代の引きこもりの息子を殺してしまう人もそうだけど、戦前の特高に密告する人のような、世間や社会といった「公」を「個」よりも優先する「公化する個」、つまり滅私奉公人たちによってさらに、公による全体主義化に拍車がかかる。たとえば、日本の伝統芸術を激賞していたさっきの田代のような話でいうと、次の東京オリンピックや大阪万博とかがそうじゃない？　表向きには個人や個性が大切だって言いながら、個人の都合や気持ちを超えて、「感動」とか「夢」とか「国益」とか、より大きな成果を成し遂げよう！と公側のほうから求められるでしょ。

卯城　そんで、それが正論っぽいときは「個」もなんだかその気になって、滅私奉公人として「公」に自らレイアウトされたがるもんね。これがなければ「排除の論理」でハイおわり、ってシンプルな話なんだけど。つまり、「公の時代」って言って公の運営側の責任を野党っぽく追求してもなにかどこか的外れな気がするのは、むしろ個のほうから柔軟に思想を変えたり捨てたりできてしまって、積極的に自分の態度を「公化」するからじゃん。たぶん、「公の時代」という認識のもとでウチらが問いたいのは、むしろ「個」って何？　そのエクストリームを体現してきた「アーティスト」って何？　っていう、そもそも論なのかもしれないね。だって、キュレーションやフェアの中で代替可能になっちゃうアーティストも、構造的には似てるよ。大きなストーリーのつくり手にとっては、代わりがきく「個」こそが使い勝手がいい存在になる。アーティストも選ばれたいからそこにハマりたがる。それこそ、そういう個が集まったのがキモい意味でのマジョリティなんだけど、そうやって形成される空気が「公共の原理」みたいに力を持った瞬間に、個と公は一体化し、全体主義は完成し……。

てかさ、足立さんの分析は、「公の時代のアーティスト論」として最高。やがて全体主義へと至る「公の時代」に、当局の公は弾圧の必要を感じたくらいにアートや前衛を恐れたって話も腑に落ちる。そんな一見無害でカスで社会性に欠ける前衛の、いったい何を恐れたのか。その実体こそ、「個」（人主義）という恐るるに足らない小さな力、けれど巨大な公にとってはもっとも自分と相容れない、厄介な可能性だったということでしょ。そこにはあらためて、アーティストという、「個」の可能性を切り開いてきた人たちのポテンシャルを感じるしね。

でもね、その後の日本の話となると、なんかもうお馴染みのことばかりになっちゃうよね。集団的な大義名分と人間の本性との関係は……みたいな。けど、そんな坂口安吾の『堕落論』みたいな結論にしかならない古い話をウチらがいまさらしてもね。やっぱずっと話してきて思ったんだけど、プロレタリア美術あたりからなんか話が盛り上がんないな。「冬の時代でした」みたいな自虐史観っぽくなるしかなくて、「あれ？」って思わない？　むしろ僕らは「戦前の日本のアートめっちゃいいじゃん！」って賛美してたはずなのに（笑）。

松田　たしかに（笑）。１９３０年代は日本画と洋画が影響し合ったりと、戦後につながる絵画隆盛の時代という見方もできるけど、直接的な肉体表現やカウンター的な表現は死滅しちゃうしね。小林多喜二が虐殺されたりしてプロレタリア美術運動が終わり、検閲の苛烈化でエロ・グロ・ナンセンスのブームが終わり、瀧口修造らの逮捕によりシュルレアリスムが弾圧で歪められたあとは、戦意高揚目的の戦争画など国家主導のプロパガンダ芸術のオンパレードで、美人画で知られる上村松園《しょうえん》ですら「倹約家のつつましい女性像」なんてのを描いてて、「公」の意向や空気に沿った作品ばかりだもの。僕らは基本どんな方向性のものでもアートの話は楽しいんだけど、昭和初期のアートは話しててもぜんぜん楽しくないし、笑えない。

卯城　アートの話もストイックすぎるし、戦争の総括もザ・左翼っぽい話。かといって、その先の個人主義の話はザ・戦後民主主義って感じで現在にはリアリティがない。いまウチら、戦争でも戦後民主主義でもない状況にいる、ってことで大正がビンゴだったのに（笑）。

松田　平和や民主主義が大事なことだと感じられるいまの僕らからすると、戦争や弾圧は絶対悪として見えるもんね。この時代のプロパガンダ芸術的な作品たちは、表現の多様性においては見るべき価値はあるのかもしれないけど、テーマや方向性がほとんど同じで限定的だからね。個がほとんど死滅してる（笑）。終戦までの１９４０年代前半は、マジでアートにとっても暗黒時代。

卯城　言うなれば「超・公の時代」だね。さすがにリアリティないわ。

松田　リアリティ持てる状況になったら逆にジ・エンド（笑）。

卯城　こんな連載を掲載する時点で『美術手帖』は潰されてるね（笑）。

改元の季節に試される「個」の立ち方

卯城　こうやって大正から戦中、そして終戦までを、次第にエスカレートしていく「公の時代」として振り返ってみて、僕的にやっぱり気になるのは、理想展が終わって昭和になるタイミング（１９２６年）。ここで一気にムードが変わった感じしない？

だから気になってくるのは、「平成」から「令和」への改元。これは椹木野衣さんと大正について話していて出てきたキーワードなんだけど、いまと大正を重ねるのなら、2019年は、あえて言うなら「令和元年」ではなく「昭和元年」なのではと。今年から何かがガラっと変わるんじゃないかと椹木さんも言ってて気になったけど、元祖昭和元年からの話の流れ的には……今年から……

松田　つまんなくなる（笑）。2018年が大正15年てことは、「にんげんレストラン」は理想展か（笑）。本家昭和元年とリンクさせると、2020年の東京オリンピックは、戦後民主主義が花開いてた1964年の東京オリンピックではなく、むしろ1940年、つまり昭和15年に計画されていた幻の東京オリンピックと考えてもいいかもね。

卯城　賄賂が立証されたらマジでそっちだわ。ていうかさ、本家昭和元年からの時代も生きた作家たちは、アーティストっていう「個」としてのあり方を広げていくような実験はしなかったのかな。だって現代でさえ、コレクティブの動きが活発になるだけじゃなくアノニマスな活動をしたりと、アーティストのバリエーションは増えてるじゃん。コレクティブの性質だって一筋縄じゃない。で、大事なのは形態というよりもそのユニークさ、個人であれ集団であれ、それが

「個」として立ってることだと思うんだよね、あらためて。コレクティブの潮流をずっと見てると、数年前までの典型的なアートコレクティブって、デモやコミュニティっぽいというか、参加してる一人ひとりの個性やプロフェッショナル性よりも、集団暴走力で押しきる、言うなればアマチュアリズムによる「群れ」のようなものだったでしょ。ロシアのプッシー・ライオットとかインドネシアのジャトワンギとか、現在の日本のコレクティブもほとんどその形態。

でもたとえば、2018年のターナー賞にノミネートされたフォレンジック・アーキテクチャー（★21）なんかは、弁護士、フィルムメーカー、エンジニア、建築家、アーティストなど、「個」が立った第一線のエキスパートからなるコレクティブでしょ。最近は集団の中でも、それを構成する一人ひとりの「個」が重要になってると思う。で、いまはさらにそうやっていろんなグループがそれぞれに「個」性をつくって乱立してて、集団のバリエーションを多様に形成している。

★21 2011年に建築家のエヤル・ワイツマンがイギリスのゴールドスミス・カレッジ内に創設した、15名ほどで活動する研究組織。NGOなどと協働し、人権侵害が疑われる各国の事件や武力紛争などを映像や建築模型を駆使して3次元的に再構成し、国際法廷や国連調査委員会などに証拠を提出している。

たとえば自分に引き寄せて言うと、Chim↑Pomっていうコレクティブに対して、その

フォレンジック・アーキテクチャー《ラファ: 黒い金曜日》2015年
2014年8月1日の金曜日、パレスチナ・ガザ地区南部ラファのパレスチナ難民区域で爆撃があった。フォレンジック・アーキテクチャーは市民やジャーナリストが撮影してネットに上げた無数の爆撃写真や動画をもとに状況を3次元的に再構成して解析し、爆撃がイスラエル軍によって無差別に、市民を巻き込んで行なわれたものだったことを証拠立てた。
© Forensic Architecture

僕らが企画し、いろんなアーティストやコレクティブが参加する展覧会「Don't Follow The Wind」（DFW）は「個」の立ったコレクティブが集まってできる「シーン」だと思うんだよね。大正だと、マヴォやアクションなどいろんなコレクティブを合体させた三科や、それこそバラバラな個を呼び込んでシーンになった黒耀会や理想展みたいな。で、面白いのは、Chim↑PomもDFWも集団なのに、たとえばビエンナーレのような大きな国際展には、両者とも参加作家として呼ばれる。つまり「個」になるわけよ。そうやってユニークな集団や実践が増えることが、グループ展におけるアーティストのバリエーションを増やすことにもつながっている。

つまり、展覧会のアーティストリストにはもはや個人名だけが並んでるわけじゃない。集団もいれば、DFWのようなインディペンデントなシーンもいて、それらすべてがいち「参加アーティスト」として展覧会を構成する「個」になっている。言うなれば「個と公の入れ子状態」みたいな状況があって、これはアートに留まらない、今後の社会が持つべき「個」観のひとつの例だなーと思うわけ。そこには未来を感じるね。

松田　既存の社会や世間なんていう抽象的な「公」ではない、極小だけど具体的な「公」としてのコレクティブが、「個」性を発揮する。これはマヴォとかChim↑Pomか。そしてその「公＝個」がより大きな影響力を持つために、他のアーティストやコレクティブと集まって、もっと大きな「公」である「シーン」をつくるってことか。これは黒耀会や三科や理想展やDFWで。そしてそのシーンがまた「個」性を発揮して……って、ややこしいな（笑）。大正っぽい話でウケるけど。

で、個性を発揮する／しないって話と、前に話した戦前と戦後の「意識の断絶」の両方を踏まえて思うことがあるんだけど、日本ってドクメンタやってなくね？　ナチス時代のドイツでは、彼ら独裁体制の思想を体現する、「ナチス芸術」と呼ばれた美術が賛美されたでしょ。これは日本でいえば、陸軍美術協会が聖戦美術展などを通じて日本軍の勇姿を喧伝していたこととパラレルだよね。ちなみに何度も悪いけど、その協会のトップだったのが藤田嗣治ね。僕、藤田に私怨なんかないんだけど（笑）。

まあドイツに話を戻すと、ナチス統治下で前衛的な芸術は「退廃芸術」とレッテルを貼られて、徹底的に弾圧された。ナチス芸術以外の近代芸術なんかは、「ドイツ人」にとってモラルの欠如した害的なものなので排除すべきだ、と。この考えのもとになっている、ユダヤ人（！）のマックス・ノルダウが書いた『現代の堕落』の中では、「近代芸術は脳の病気」だと断定されている。脳の病気って（笑）。そこまでは日本と近いんだけど、ドイツでは戦後に、それら弾圧された芸術を見直す展覧会を開いたんだよね。敗戦からたったの10年後。それが、いまのアートの芸術祭の中でもっともリスペクトされてると言っていい「ドクメンタ」の第1回（1955年）なわけ。つまりドクメンタってののは、戦前の黒歴史を個性に変えた芸術祭なんだよね。それに比べて日本は、戦前・戦中を文化的に総括してないって言われても仕方なくね？　日本もドイツも戦中に芸術を政治利用したんだけど、戦後は、ドイツが芸術においてあらゆる政治思想を許容する態度を示したのに対して、日本は芸術から政治思想を消去しようとしたようにも見える。そんなの完全には無理なのにね。そりゃ戦前と戦後の「意識の断絶」も起こるよな、と。

その関連でいえば、日本でも瀬戸内国際芸術祭（２０１０年〜）なんかが、工業汚染やハンセン病棟問題など、地域的な黒歴史を含めた芸術祭として行なわれているけど、やっぱりそのテーマをメインとして打ち出しているわけではない。工業汚染やハンセン病をメインにっていうか、戦前・戦中の弾圧とかアイヌや朝鮮人への差別とか、日本が抱える黒歴史をメインの個性にした芸術祭がどこかひとつでもあっていいと思わない？　こんだけ全国に芸術祭やビエンナーレが乱立してるんだから。

卯城　なるほど。その問いは核心的だわ。たしかにドクメンタの雰囲気ってすげー独特なのよ。一回一回のテーマとは別に、そもそも芸術祭そのものとしてのミッションやアイデンティティが強い。そういう意味では、韓国の光州ビエンナーレ（1995年〜）も、光州事件（★22）という黒歴史発の芸術祭だよね。日本各地で量産されている芸術祭は基本、越後妻有《つまり》や瀬戸内のような成功例がプロトタイプとしてあるでしょ？　松田くんいわく「芸術祭のチェーン店化」（笑）。そうなると、一つひとつの芸術祭の個性って何なんだろって話だし、さらに各地の独特な黒歴史がタブーのままなら、現地制作で見つけるテーマもアッサリしたものになっちゃう。それに比べ、光州ビエンナーレやドクメンタに確固たる「個」性があるのは成り立ちからして当たり前。だからこそ「マスト」な芸術祭として、毎回世界中の注目を浴びるわけでしょ。日本がアートで世界に地位を築きたいなら、原発事故やアジア・太平洋戦争の黒歴史に向き合う芸術祭とか、言っちゃえばほんとに普通なことなんだけど、そういう当たり前なことを始めてブレずに育てればいいだけかもね。

★22　韓国・光州市で1980年5月18日から10日間続いた大規模な民主化運動。軍部政権を掌握していた全斗煥による戒厳令の拡大と野党活動家の金大中らの逮捕に端を発し、学生・市民が民主化を求めて蜂起。軍による市民への発砲と暴行により多数の死傷者が出た。

松田　「他人を傷つけない」アートを並べるだけじゃなくて、「他人を傷つけた歴史」にも目を向けるってことね。そうすれば、アートとしてそのクロニクルを引き受けるってだけじゃなくて、ダークツーリズム的にも学びの場として機能すると思うけどな。

卯城　歴史であれ、多様性であれ、公共性であれ、アートがテーマにするダイアローグはつねに、「傷つけない」配慮とポリティカル・コレクトネスとのせめぎ合いなんだろうけど、加害者意識ってのもアートの本質のひとつだと僕は思うよ。とはいえ、どの国もたとえば戦争の被害については盛大に博物館とかを建てて残すけど、加害については微妙でしょ。日本もそうじゃん。被害でいえば広島・長崎には立派な資料館があるけど、そのレベルに相当する、自らが犯した加害について展示する博物館は日本にはない。被害者意識は右も左も共有できるけど、加害だと議論が分かれるし。ってことで、やっぱほとんどの国にドクメンタみたいな芸術祭なんてなかなかできないよ。ドクメンタ、超「個」だわ（笑）。

8

「表現の自由」が問われた芸術祭＋津田大介

津田大介（つだ・だいすけ）
1973年東京都生まれ。ジャーナリスト。早稲田大学文学学術院教授。メディアとジャーナリズム、著作権、コンテンツビジネス、表現の自由などを専門に執筆活動を行なう。「あいちトリエンナーレ2019」では芸術監督を務める。主著に『情報戦争を生き抜く』（朝日新聞出版）、『Twitter社会論』（洋泉社新書y）、『動員の革命』（中公新書ラクレ）、『情報の呼吸法』（朝日出版社）など。世界経済フォーラム（ダボス会議）「ヤング・グローバル・リーダーズ2013」選出。第17回メディア芸術祭エンターテイメント部門新人賞受賞。

芸術祭の中に際立つ「個」を投げ入れて、凝り固まった「公」をほぐしてゆく

★本章の鼎談（連載時）は「あいちトリエンナーレ2019」開催前（2019年2月）に行なわれた。本章後半に同芸術祭内「表現の不自由展・その後」の展示中止後に行なった、卯城・松田の対談を収録する。

津田　僕も前回のドクメンタ（ドクメンタ14、2017年）に行ったけど、すごいと思ったのが、芸術監督がポーランド人じゃない？　しかもテーマは「アテネから学ぶ」。これって、日本でいえば韓国人を芸術監督にして、「中国から学ぶ」をテーマにするようなもの。その背景には、ドイツがギリシャをはじめとしたEU加盟国に緊縮財政を強いて、経済的に追い詰めたことへの贖罪《しょくざい》――ドイツはギリシャを文化的にはリスペクトしているんですよ、というメッセージもある。芸術祭がたんなるお祭りじゃなくて、文化外交の場所にもなっているんですよね。前回のドクメンタは内容的には賛否両論でしたが、初めて見る僕には、芸術と政治、社会がシームレスにつながっていることが衝撃でした。

松田　津田さんが「あいちトリエンナーレ2019」の芸術監督になったということは、

日本の芸術祭の運営側にも、業界内部のプレイヤーから芸術監督を選ぶといまの世界を測れないという意識があったからなんじゃないかな。言い方はアレだけど、美術の門外漢というか（笑）、また違う「公」の意識を持った人を迎えることで、異なるサイクルをつくり出したいんじゃないかと。

津田　この本の中で考えられている「公」と「個」の話でいうと、そもそも僕は出自が雑誌ライターなので、雑誌が好きなんですよ。かつての雑誌って、こんなものを誰が読むんだという文章や尖った記事がたくさんあったじゃないですか。ああいう雑多な感じこそが、自分の中の「公」だと思うんです。「公」は「雑」から立ち上がる、みたいな。自分は左派的、あるいはリベラルな価値観を持っているけれど、自分が運営する媒体にはあえてそういう嗜好性とは違う価値観の書き手にも原稿を書いてもらっています。みんなが好きな情報だけを見て、極端な人しか意見を言わなくなって、中立的な視点を持つ人が意見を言いにくくなっている状況に対して、違う場所をつくろうと思っている部分はあります。

松田　雑多な「個」が自然に集まって「公」が成立する、それは僕らも理想的なことだと考えています。あらかじめ想定された「公」からあぶれがちな「個」を受け入れる、もうひとつの「公」としての媒体を、オルナティブな意識からつくろうということですよね。

卯城　「個」と「公」との往復でいうと、僕たちはこれまで、コレクティブや芸術祭のような複数の人から構成されている「公」的な取り組みが、場所を移すと「個」として捉えられることの面白さを語ってきました。たとえばChim↑Pomが参加している帰還困難区域での国際展覧会「Don't Follow the Wind」（DFW）が、横浜トリエンナーレなどほかの芸術祭に呼ばれると、参加作家のひとり＝「個」としてエントリーされるように。つまり「公」のバリエーションを増やすということが、「個」のバリエーションを増やすことにもつながっている。くり返しですけど、ここには可能性があると思うんです。ただ、その意味でいうと、あいちトリエンナーレが今後どこか別の場所で「一人の作家」として立ち上がることって想像しにくいようにも思うんですよね。団体が「個」としてカテゴライズされるには、何かしら自立した組織としてユニークに見えることが必要かなと思うんです。そういうインディペンデント性を団体があえて持つか／持たないかの違いなのかもですけど。

津田　DFWのように明確なコンセプトを持った展覧会（「公」的なもの）が、展覧会内のいち参加作家（「個」）にもなる、という意味でいえば、あいちトリエンナーレ2019に

「Don't Follow the Wind」2015年3月11日〜
東京電力福島第一原子力発電所付近の帰還困難区域内で国内外12組のアーティストが参加する展覧会。つまり、封鎖が解除されるまで誰も見ることができない。
Courtesy of the artist and Don't Follow the Wind

もひと組、似たような枠組みを作家として入れているんです。2015年に江古田のギャラリー古藤で行なわれた「表現の不自由展」の続編にあたる、「表現の不自由展・その後」です。これは、従軍慰安婦問題や天皇および政権批判といったテーマを扱ったがゆえに、政治的な理由などから「公」的な美術館で展示できなかった作品を、その経緯や理由とともに展示する展覧会なんですが、2015年以降、同様の問題はいたるところで起きている。より「不自由」な状況が増してきているので、当時の展示をアップデートした「表現の不自由展・その後」をやることに決めました。現状あまり注目されてないですが、会期が始まったら間違いなくこれがいちばん物議を醸す展示になるでしょうね。

「表現の不自由展」はもともと個人の有志たちが集まって行なったインディペンデントな企画でした。なぜそれを行政が主導する公的な芸術祭に持ってきたのかといえば、ジャーナリスト・アクティビスト的な観点から問題提起したいという思いがあったからです。DFW的なインディペンデントな活動は、表現の自由の幅がどんどん狭くなってきているいま、自由な「個」を確立するという点で重要度は上がっています。他方で、「公」をこのまま、石頭の事なかれ主義が横行するセクターにしておいていいのかという問題から逃げてはいけないと思うんですよ。「公」がリスクやコストを払って「個」と協働する体制をつくらなければ、美術業界はアーティストにとってどんどん息苦しい場所になるんじゃないか──そういう問題意識がありました。行政主導の芸術祭という「公」

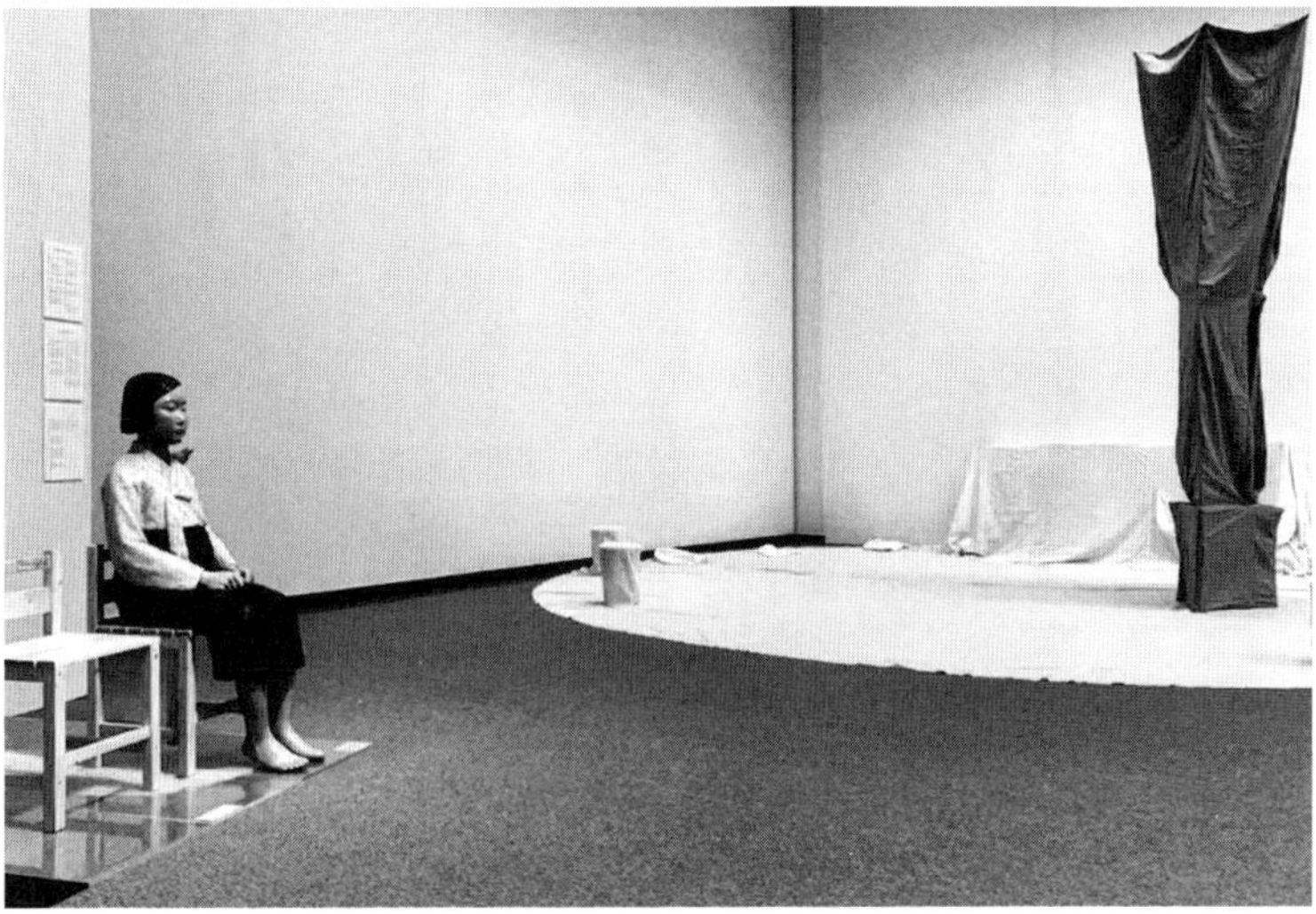

「表現の不自由展・その後」2019年
2015年の「表現の不自由展」以降、新たに公立美術館などで展示不許可になったものを加えた16作家による作品を、その理由とともに展示。左は韓国のキム・ソギョン＋キム・ウンソン夫妻が制作した《平和の少女像》(2011年)。「JAALA国際交流展」(東京都美術館、2012年)でブロンズ製のミニチュアが展示されたが、同館運営要綱に抵触するとして展示4日目に撤去された。右は白川昌生《群馬県朝鮮人強制連行追悼碑》(2015年)。同展内の《平和の少女像》および大浦信行《遠近を抱えてPart II》を中心にテロ予告や脅迫を含む抗議があいちトリエンナーレ実行委員会事務局に殺到し、開幕3日後の8月3日に展示そのものが中止に追い込まれた。
写真提供：ウェブ版「美術手帖」

の中に、「個」が最大限立った企画を放り込むことで、「公」の凝り固まった部分を柔らかくする。この視点が大事だと思っているんですね。

幅広い「情」すべてを受け止められるか?

卯城　とはいえ、行政と関わりながら芸術祭をつくり上げるうえでは、絶対に起こしてはいけない事態や求められる結果もあるわけですよね? 炎上回避とか経済効果がどうとか。そもそも僕らが言う「公の時代」と、今回のあいちトリエンナーレの「情の時代」というテーマの組み合わせは、両立がすごく難しそう。津田さんはコンセプト文でも書いてましたよね。いまは人の感情が「公」の性質を変える時代だと思っているって。

津田さんは溺死したシリア難民の少年の写真が欧州各国の世論を変えた例をコンセプト文の中で挙げていたけど、最近では逆に、アラーキー(荒木経惟)やチャック・クロースなどの展示が「#MeToo」ムーブメントの中で取り下げられたり、2017年のホイットニー・ビエンナーレでは白人のダナ・シュッツが黒人のリンチ殺害の絵を描いて、「白人がリプリゼントすべきではない」と、作品の撤去と破棄を要求する猛烈な抗議運動に発展したり……世界中の広告業界で巻き起こっている「文化の盗用」などもそうですが、そういうポリティカル・コレクトネスの観点から湧き出た市民の感情が、美術館という

「公」を自主規制に追い込む事態も続出してる。
多様性が広がれば広がるほど、市民一人ずつバックボーンや立場が違うから、「この作品がムカつく」「この作品に傷ついた」って感情が無数に出てくる。それと「作品の良さ」っていうアートそのものの評価とは、いつも議論が平行線じゃないですか。日本にだってネトウヨやポリコレなどの異なる感情が渦巻いてますが、そもそも感情って個別的なもんだから、良いも悪いも本来はないはずですよね。はたして雑多な個から立ち上がる「公」としてそれらを全部受け入れることができるのか、それとも、トップダウンな「公」としてそれらを完璧にキュレーションして整理するのか、あるいはそのあいだのグレーゾーンか。津田さんのキャラクターから見える「情」の観点から、とにかくあいちトリエンナーレはかなりリベラルな展示になるとは想像しているんですが、芸術祭という「公」の観点から考えると、感情を思想で取捨選択はしづらいでしょう。かといってそれを全部受け止めるとなると死ぬほど大変（笑）。「情の時代」と「公の時代」がどう両立していくのか、その実践は、めっちゃ気になるところです。

津田　芸術監督を引き受けた際に思ったのは、できるだけ広い、かつ実際にトリエンナーレが開催される2年後にも古びていないテーマにしようということです。前回の横浜トリエンナーレのテーマ「島と星座とガラパゴス」が象徴していると思うのですが、2016

年のトランプ政権誕生を受け、この2〜3年ほど美術業界でも「多様性」や「分断」をテーマにした試みが多く生まれていました。多様性は大事なものだし、分断は解消されるべきものだと僕も思いますが、そのことをアートでいまさら主張することにあまり意味を見いだせなかった。むしろ進んでいる分断を内包することも含めて、その弊害を乗り越える枠組みをどうすればつくれるのか。

そのことを考えているときに「感情」という単語が頭に浮かびました。ちょうど東浩紀さんの『ゲンロン0――観光客の哲学』を読んでいたこともあって、あの本で書かれているナショナリズムとグローバリズムの多層構造のなかにいかに誤配を忍び込ませるかといったことが全体のテーマになるといいなと。ツイッターを見ていると、いまみんなすごく感情的になっていますよね。冷静なはずの学者や弁護士が、特定の話題になると感情的になる姿を見てしまって、嫌な気持ちになることが多くなった。だから今回は、そんな感情化したいまのわれわれの世界そのものを扱おうと。

松田　でも、みんながツイッターに中毒的になるのは、テレビのように台本がある世界への反動があるからかもしれない。初期衝動や感情のままには動けない反動で、ツイッター上に感情が渦巻く。

津田　感情を渦巻かせるメディアって昔から儲かるものですけど、われわれの感情が沸き立つのは、メディア経由で情報を知ることがほとんどのきっかけになっています。新聞、テレビ、インターネット。つまりは「情報」を知ることで人間は感情的になる。このことに思い至ったとき、「情報」にも「感情」にも「情」という漢字が共通してあることに気がつきました。語源辞典で意味を調べたら、「情」には「感覚によっておこる心の動き（↓感情、情動）」といった一般的な意味にくわえて「本当のこと・本当の姿（↓実情、情報）」という意味もあることがわかった。さらに「情」にはもうひとつ、「人情・思いやり（↓なさけ）」という意味もあった。この3つの意味がこの語にあるとわかったとき、「情の時代」でいけるという感覚を持ったんです。なぜなら「情の時代」をテーマにすれば、感情を喚起する作品も、情報をモチーフにした作品も、人間にとって大事な憐れみの感情を思い出させる作品も可能になる。みなが感情的になっていることに対して落ち着けとなだめる作品も、いや、感情的になるのは仕方ないという作品も、どっちもOK。

「現状追認」が「多様性」にすり替わる

卯城　そこで実際、どれだけ本当に雑多な感情を抱えられるのかという部分が、「津田トリエンナーレ」の醍醐味ですね。

「あいちトリエンナーレ2019」2019年8月1日〜10月14日
2010年より3年ごとに開催されている国内最大規模の国際芸術祭。4回目となる2019年のテーマは「情の時代 Taming Y/Our Passion」。国内外から90組以上のアーティストを迎え、映像・音楽プログラムやパフォーミングアーツも含め、名古屋市と豊田市の4つの会場で展示。写真はウーゴ・ロンディノーネの《孤独のボキャブラリー》。「1人の人間が1日のうちに行なう45の振る舞い」を45体のピエロの彫刻で表すインスタレーション。
写真提供：ウェブ版「美術手帖」

津田　自分の本職はジャーナリストで、つまりは表現することで食べている人間なわけです。だから当然アーティストには自由につくってもらいたいのですが、同時に全体のディレクターとしては観客に対して配慮する必要もある。

具体的には「炎上」対策をどうするか。あいちトリエンナーレでいえば、前回（2016年）ブラジル人アーティストのラウラ・リマの、実際の鳥を使った生体展示作品が炎上しました。そういう展示の方法や表現の仕方は誰にでも受け入れられるものではないし、芸術祭の規模が大きくなれば必然的に軋轢も起こりうる。ただ、炎上や軋轢自体はこれだけの規模の芸術祭では不可避なことだろうし、そういうことに対してアーティストがいちいちリスクマネジメントする必要はないと思うんですよ。僕や事務局がきちんと理論武装をして、応答できる体制を整えればいいわけですから。

卯城　今回の津田トリエンナーレにも、ヤバいプランを出した人はいるんですか？

津田　まあ、ほとんど答えを先に言ってますが、いちばんヤバい展開になるとしたらやはり「表現の不自由展・その後」でしょうね。もちろん政治的なタブーを扱う作品や、際どい立場の人々をテーマにしたいというアーティストはほかにもいます。そして、アーティストに覚悟があるならこちらに止める道理はない。残る問題としては、クレームを恐れる事務局と、僕がその許容範囲をすり合わせる作業で、そのくり返しという感じですね。彼らには「最悪、事務局の手に余る厄介なクレームがきたら僕のケータイ番号教えてそこにかけてもらうように」と言ってます。

卯城　津田さんのケータイ（笑）。そういう関係性は大事ですよね。ウチらの広島での「ピカッ」騒動のとき、美術館は「作家が決めたこと」って逃げたし。

松田　クレームはある意味しょうがないですよね。ふだん芸術が「わからない」とか「興味がない」とか言ってる人が、作品を見て急に「これは芸術じゃない！」って怒り出すのって、個人的には必要なことだとも思う。やっぱアンタにも「芸術観」があるやんけっていう……。

津田　それって、半分はその作品が成功してるってことでしょう。感情を何かしら動かしているわけだから。ささくれであっても共感であっても、人の感情を動かすのが表現ということでしょうから。

卯城　アーティスト論の話になるけれど、こないだ20代前半の藝大生と一緒に飲んでて、

「アートが感情を逆なでしていい理屈がわからない」って言うんです。別にそれがいまの20代の「芸術観」を代表してるわけじゃないけど、なんかいまの状況のリアリティは感じましたね。

津田　ジャーナリズムも同じ問題を抱えていますね。大学で教えるようになって10年近く経ちますが、学生たちと話していて感じるのは、若い人にジャーナリズムが響かないのは、彼らがそもそも「批判する」という行為そのものが嫌だと思っている面が大きいから、ということ。いまの学生は僕らの頃とは比べものにならないくらい賢くて優秀で真面目。そして非常に寛容で多様性も認めている。でもこれは「多様性の罠」でもあるんです。彼らはＬＧＢＴＱ＋も同性婚も選択的夫婦別姓もＯＫだけど、モリカケ問題や統計改ざんも公文書隠蔽もＯＫなんです。厳しい言い方をすれば、自分の身に直接火の粉《こ》が降りかかってこない問題については何でもＯＫ。でもそれって「多様性」か？っていう。

社会学者の友枝敏雄さんが高校生を対象に行なっているアンケートの定点調査の結果（『リスク社会を生きる若者たち――高校生の意識調査から』大阪大学出版会、２０１５年）が個人的にはショックだったんですよ。たとえば、「日本の文化や伝統は他の国よりも優れている」の問いに対して賛成は、２００１年が29・6パーセントで13年が55・7パーセント、「太平洋戦争の件で日本は謝罪すべきか」の問いには、２００１年が64・5パーセントで13年が39・6パーセント。つまり、「はい」と「いいえ」が逆転しているんですよね。なかでも僕が一番ショックだったのは「校則を守ることは当然」という質問の回答で、2001年は肯定的回答が68・3パーセントなのに対し、13年は87・9パーセントになっている。

松田　マジすか（笑）。

津田　芸術家になるのってどちらかというと「校則を守ることは当然」とは考えない人間のほうでしょう。もちろん、決まりを守る人が増えるのは別に悪いことではない。でも、問題なのはクリティカル・シンキングがなくなることですよ。おかしな校則であれば破っていいし、法律だっておかしければ変えられる。それこそが民主主義の本質でしょう。僕はいまの若い人にはとても期待していますけど、「多様性」と「現状追認」をごっちゃにしている若い人が多くなっている印象はありますね。

卯城　なんかそれって日本の若者っぽいなとは思いますけどね。ウチらが高校生のときだって、そういう人はけっこうマジョリティだったし。ただ、アートを語るときに、その人の身のまわり、日本人なら日本国内の身近なリアリティやイシューが議論の材料の大部分を占めちゃってるってのは、やっぱヤバい気がする。いまは欲すればネットで情報は無限に手に入るじゃないですか。なのに、それらを議論の材料としてテーブルに上げて熟考する前に、身近なリアリティで考えて結論づけちゃう。「政治は難しい、現代アートは難しい」ってかわい子ぶって、目の前の新たなドアを開けない日本のマジョリティたちと同じ思考回路というか。アートってそれこそ好き嫌いっていう誰かの主観でジャッジするものではなく、作品の意味を議論することで人類史に評価づけていくものじゃん。

松田　いやいや、工芸やインテリアだって、一流とされてるものからそうじゃないものまであるわけでしょ？　そういった価値を知ることに好奇心が持てなくなって、自分の好き嫌いのみですべてを判断するようになったら、それこそ向上心につながらなくなってしまうよね。漱石の『こころ』みたいだけど（笑）。新しい価値をつくり出すなんてことは、夢のまた夢みたいになってしまう。身近で手に入りやすく、理解しやすいもので何から何まで揃えてしまうならば、それこそ多様性につながるわけがない。インテリアやファッションどころか、思想や考え方なんてものも。

卯城　校則の話で思い出したんですが、この前ニューヨークに滞在していたとき、ちょうどホイットニー美術館では8週にわたって館内でデモが行なわれてたんですよ。作品に対してじゃなく、アンディ・ウォーホルの展示をサポートしてるホイットニー美術館のボードの副議長が、メキシコとアメリカの国境で使われた催涙ガスの製造会社のオーナーで、その人を美術館から追い出すべきだって。それだけ美術館が公共空間として認知されてるってのも日本から見れば新鮮というか、むしろ違和感でもあるんだけど、校則どころじゃなくて、これ、デモする側が美術館のルールをたぶんシカトですからね。「え？　美術館内ってデモが許容されてるの？」ってニューヨークの知り合いたちに聞いたら、「いや、これはフェイスブックで呼びかけて実行してるだけで、無許可だと思う」って、そう珍しくもない感じで言ってましたよ（笑）。でも、無許可だからってデモを邪魔したら、美術館にとっても悪いＰＲになるでしょ。だからセーフになる。「プロテスターたちもそれをわかってるから」って彼らは笑ってました。

つまり許可云々の話ではなく、プライベートだけど大きな美術館が公共圏として認知されていて、暗黙の了解のうちに美術館内でのデモが世間で許容されている。なんていうか、そういうグレーゾーンが多いんですよね。帰国当日は「420Day」ってメジャーなマリファナデーで（「４２０」は大麻を表すスラング）、みんな公共空間で吸いまくってたし、地下鉄内の勝手な物売りも多いでしょ？　ブルックリンではいまも暴走族が走ってたし、ブロックパーティも朝まで音楽ガンガンだったし。全部暗黙の了解（笑）。逆に路上飲酒厳禁ってのが謎で、マリファナはこんなゆるいのに？って（笑）。けど、ああいう都市がいまだに成長を続けているのは、トップダウンなシステムだけじゃなくボトムアップからのイレギュラーな動きが公共のスペースに存在していて、さらにその中間にあるグレーゾーンが実験の受け皿になっているからなんですよね。そこはシカトでうわべのシステムだけを輸入して渋谷区が路上飲酒禁止にするとか、マジで何の意味もない。まあ、酒好きのただのグチかもですが（笑）。

松田　個人的には日本でもそういったグレーゾーンは必要だと思うし、日本でアニメやマンガの同人誌文化が発展したのも二次創作的なグレーゾーンを黙認してきたからでもある。あと単純に、卯城くんの言うような、昼間っからマリファナ吸ってダラダラして、チェス打ってるような人たちが堂々といられる社会は、生きやすいな。ダメでもいいのかなって。けれど日本では、そういった生き方を含めたグレーゾーンがどんどん漂白されてきていますよね。

それと、「批判しない」っていうのは「批判されたくない」ってことの裏返しにも思える。社会の「ナイーブ化」はこれからも加速していきそうだね。それこそ「傷つく」ことにもっと過敏になるというか。ブロックやクラスタ化といった分断の方法が容易になったのも、ナイーブ化の加速要素だし。だからこそ一層、美術館や芸術祭はそういった賛否の議論や別の価値観を生むような作品を、ゾーニングしてでも提示する役割を担っていってほしいと思う。まあ、僕のファリック・アートとかはハナから美術館でやれるなんて思ってもいないけれど（笑）。

公と個を「講」が新たにつなぐ可能性

津田 その意味で、「あいちトリエンナーレはどこまで幅広い作品を受け入れるのか？」という2人の投げかけは、芸術祭のクリティカルな部分を突いていると思いました。

卯城 アーティストのラインナップにはめっちゃ期待してますよ。

松田 芸術祭だからこそ言及できる話題っていうのは、確実にありますよね。僕のファリック・アート云々の話も、べつに美術館や芸術祭とインディペンデントなシーンとを分けたいということじゃなくて、自分の作家性をフルに使って、それぞれの場所でやれることを最大限に考えてやりたいって話なんですよね。

津田 おそらく2人がずっと話している底流には、「公」と「個」をつなぐ中間的な存在がありうるのか、という問いがあると思うんですよね。あえてここでダジャレ的に投げかけをすると、その答えは「公」でも「個」でもなく、頼母子講《たのもしこう》（★23）とかの「講」――コミュニティとしての「講」が鍵になるんじゃないかと。

★23 構成員が一定期間に掛け金を出し合い、くじや入札で決めた当選者に所定の金額を給付し、全構成員に行き渡ると解散する、金銭の融通を目的とする相互扶助システム。「無尽」「模合（もあい）」などとも呼ばれる。鎌倉時代にその名が見え、江戸時代に発達、現在でも一部の地域で近所付き合いとして行なわれている。

東北を取材するといまも、大昔に生まれてその子孫しか入れない「講」が残っていて役割を果たしている。アートコレクティブがいまこうして注目される理由も、アートとパブリックとの結託関係が強まるなかで、その対抗軸や媒介になりうるものとして、コミュニティとしての「講」が求められているからじゃないかな。

松田 なるほど。集団になる目的があった「講」と、現代のアートコレクティブやコミュニティなんかをつなげて考えるのは面白いですね。さらに、町や村内の相互扶助団体でもあった頼母子講などがつくられたのは、地域内での物事を集団で円滑に進めたりするためですよね。村なんかの社会を個が集まって形成するのに、金銭的に助けあったり、つながりを強化したりする役割もあった。つまり、なんとなく集まった群れとしての集団ではなく、目的意識を強く持った集団としての「講」が鍵だってことですかね。そうすると、政党や労働組合、企業なんかも「講」としてそもそもの目的別に捉え直すこともできるかもしれない。
僕らは、アートのインフラが整備されてきた利点と弊害について散々話してきたよね。インフラが普通に存在しているだけになってくると、当初の目的を見失ってくるってのはあると思う。そういった、フェアや芸術祭っていう「公」が、「講」の意識を持つことによって再生されたり、別の組織の「講」に問い直されたりして、新たな「公」になるってのはありですね。

卯城 聞いているとどっちの「こう」のことを言ってんのか混乱するな……（笑）。まあ、そんな意識改革をともなった志あるプレイヤーも内部にはもちろんいるんだろうけど、アートフェアみたく巨大な資本が動く中では彼らの発言力は残念ながら最弱だろうね……。

松田 そうか（笑）。経済優先の団体が講の意識を持っても、ってことか。そういえば、僕の地元の友達はネズミ講って「講」にハマったことがあってね。僕も高額なミネラルウォーターを買わされたことがある（笑）。この「講」は、地域のつながりを強化するどころか一時壊滅に追い込んだわけだけど、目的は金だってはっきりしているよね（笑）。こんな超絶悪な「講」なんだけど、そのあとは町っていう「公」の防犯意識向上や、個同士の連携向上にはつながっている。つまりつながりが薄くて機能しなくなっていた町の「公」をネズミ講が問い直し、「講」として再生している……って超暴論か（笑）。もちろん犯罪はダメ、ゼッタイ。だけど目的を定めて、その目的のみに特化・先鋭化した集団って、やっぱハンパないよ。代がかさむと組織や集団が腐っていくってのは歴史的に見ても人間の性《さが》のようなもんだから、いつの時代でも「講」が必要になってくるのは理解できる。幅広い表現手段が魅力でもある「アート」を見せる目的で、美術館などの「公」を「講」として問い直すならば、本来制限されたりするのは、アーティストと観客のどちらなのか？って明白な答えが出るでしょ（笑）。

卯城　けどその相互扶助の関係って、アーティスト同士ではむしろポピュラーというか。みんな金がないから、ギャラ抜きでお互いのプロジェクトを手伝い合うもんね。ちなみに「講」的な話でいうと、Chim↑Pomは確定申告する際にメンバー6人の会社ではなく「漁業組合」みたいな形態なんですよ。それがいちばん的を射てるからなんですが。いまスタートアップブームだからか、アートコレクティブが会社化するケースが多いんだけど、むしろ協同組合的な形態もアリだと思いますけどね。ただ、「講」の話だけだと、やはり「公」の大きさには太刀打ちできない。「理想郷建設事業」のように「もうひとつの世界」としてダイナミックな「公」を構想するのも面白そう。

松田　津田さんが、アーティストに期待してきたことって何ですか?

津田　やっぱり、僕らが見えないものを見えるようにしてくれる、ということですね。今回の参加作家のジェームズ・ブライドルなんかは普段はジャーナリストとしても活動していて、取材をしてエビデンスを取って、『WIRED』といった媒体にルポのような記事も書いている。そういうジャーナリズムと現代美術の距離の近さって、海外では当たり前なんですよね。でも、日本でアートとジャーナリズムの境界線上でそうした活動を自覚的にできているのって、ほかにいるのかもしれないけど、宇川直宏さんのDOMMUNEとかChim↑Pomくらいしかなかなか自分の視界には入ってこない。

アーティストやキュレーターと一緒にリサーチしていて思うんですが、アーティストはジャーナリストや報道からリサーチの方法を学ぶべきですね。反対に、ジャーナリストや報道側はアーティストから発想の仕方やコミュニケーションのプロトコルを学ぶべきだと思います。お互いがお互いの弱い部分を学ぶことでそれぞれの質が高まっていくはずなので、トリエンナーレでもその2つの要素を積極的に混ぜられれば。

松田　たしかにアーティストのコミュニケーションのやり方は、我流で面白いものが多いですね。僕はかつて、首から下が不自由な頚椎《けいつい》損傷の障害者の方に直接アプローチして知り合いになって、全国の鉄道の写真を一緒に撮りに行くプロジェクトをやったことがあります。めっちゃ怒られながら（笑）。Chim↑Pomも基本、海外でオフィシャルなガイドは雇わないよね。

卯城　誰も経験したことがないものを創造するんだから、プロジェクトを開始するにあたっては、ガイドですら未経験のことが多くなるでしょ。だからだろうけど、オフィシャルな現地ガイドにコミュニケーションを任せて、うまくいった試しがない（笑）。なので自分たち自身で面白そうな場所を探して、直接行ってみる。その次に、ウチらと相性の良い現地の人を見つけて、その土地のコミュニケーションの方法を実地に学ぶって感じ。

「公づくり」というアーティストの新しい役割

卯城　逆にアーティストとしての僕からしてみると、トリエンナーレなどに門外漢を招聘せざるをえないっていう変化の促しというか、つまり社会って大きな「公」のあり方が変わるなかで、美術業界っていう「公」自体も変わらないといけないところに来ているのは、あらためて感じた。そんなとき、津田さんがアーティストには自由にやってほしいって言ってたのはいいなと思う。だからそのお言葉どおりにいっさい規制せずにやってほしいです（笑）。だけど、アーティストも同時にそういう「公」が変化する状況のなかで、それぞれ「個」として変化しないといけないですよね。いままでどおりの王道な個のエクストリームの振り幅は「個の時代」が生み出したスター観だってこれまで話してきたじゃない。それは個のエクストリームの振り幅を文句なくつくり出してきたし、そういう意味ではアーティスト像としては最強。なにしろ面白いし。だけど、「公の時代」に生まれた若手はもうそうもいかないでしょ。

　少し前の一連の騒動に対する石野卓球のツイッターは痛快だったけど、若いころの電気グルーヴが出てるテレビ番組をユーチューブであらためて見たら、ヌードもセクハラも何でもありだからね（笑）。岡本太郎から続くその「ヤバい」アーティスト像は、そういう時代の土壌が産んだ個のエクストリームなわけで。神聖かまってちゃんの子以来、そんな「個」の存在感を持った人はメインストリームからは消えたでしょ。

津田　だからといって、アーティストがみんなＳＥＡ（ソーシャリー・エンゲイジド・アート）（★24）に走ればいい、って話でもないですしね。

★24　コミュニティへの参加や共同作業、討論・対話などのプロセスを通じ社会変革を試みるアート活動の総称。

卯城　個の時代のヤバいアーティスト像に匹敵する「個」の概念を、このいまの時代にどう生み出すか。アーティスト像を新しく解釈し直さないといけない。その実験こそが、たぶん「公の時代」の社会における「個」のニュータイプの実践なんだろうなと。

松田　そうだね。そういう意味では、感情をストレートに表現するようなことだけじゃなくて、いままでなかったようなやり方を試したり、「アーティストって何だっけ？」というように「個」を問い直す作業は必要だよね。それこそ「講」として。あと僕が津田さんの話で気になったのは、社会が雑多な感情をブロックし続けるとどうなるかってこと。その感情の雑多性の消失は、その国のアーティストのバラエティの減少につながるんじゃないかと思う。社会全体で、そういう危機感を持つべきなんじゃないかな。そのうえで、僕はやっぱりふざけたいんですよね（笑）。絶望を前にしてもふざけられないとすると、僕はもう狂うしかないから。新しいふざけ方も考えなきゃいけないな（笑）。

卯城　いまみんな、知らず知らずのうちにアルゴリズムの中で提案されるモノを消費するようになり、徹底的にキュレーションされる集団活動や公共空間の中で、取り替え可能な「個」になろうとしてるでしょ。そこから生まれる「公」の未来図や将来像って、かなり全体主義に近くなるんですよね。

津田　まったくそのとおりで、もうすでにこの社会は20世紀とは異なるかたちのファシズムに突入してると思います。権威主義国でもないこの国で9割近くの人間が「ルールは守らなきゃ」って思っている。端的に言って気持ち悪くないですか？　そうやって、議論や政治性においても異質なものが漂白されたディストピアになりつつある日本の美術業界にいま何が必要かといえば、それはアンデパンダン展的なものではなくて、日本版ドクメンタなんじゃないですかね。この2年間いろいろな展覧会を見てきて、キュレーターが企画した展覧会よりもアーティストが企画した展覧会のほうが自分好みだったってことと関係がある気がする。「個」で見れば優れた作家はたくさんいるけど、それが「公」と結びつく機会があまりにも少ない。「公」が育ってないということでしょう。番外地の人たちが、テーマ性を強く打ち出しながらつくる、日本版ドクメンタが見たい。

★以下は「表現の不自由展・その後」の展示中止後、実際に「あいちトリエンナーレ2019」を見て回ったあとに卯城・松田によって行なわれた対談である（8月21日）。

もはや検閲は公然と可視化されて行なわれる

卯城　あいちトリエンナーレの「表現の不自由展・その後」、津田さんが「会期が始まったら間違いなくこれがいちばん物議を醸す展示」って言ってたけど、案の定そうなったね。

松田　開催前にやった、この章の津田さんとの話、いま読み返すと予言の回としか思えないよ。

「あいちトリエンナーレ2019」内の企画展「表現の不自由展・その後」に対して、開催2日目の8月2日、視察した河村たかし・名古屋市長が「日本国民の心を踏みにじる行為で、行政の立場を超えた展示」と展示中止を求める抗議文を提出し、菅義偉・官房長官が閣議後の会見で「補助金交付の決定にあたっては、事実関係を確認、精査して適切に対応したい」と発言するなど、政治家の発言をきっかけに、同展示内の《平和の少女像》(キム・ソギョン+キム・ウンソン)および《遠近を超えてPartⅡ》(大浦信行)を中心に脅迫を含む抗議があいちトリエンナーレ実行委員会事務局に殺到。中には「ガソリン携行缶を持ってお邪魔する」とテロ行為を予告するファックスも含まれ、大村秀章・愛知県知事と津田大介・芸術監督は8月3日、観客の安全と現場職員の危機的混乱・疲弊を理由に同展の中止を決定。その後も「表現の不自由展・その後」実行委員会が一方的中止に対して抗議するなど波紋は広がり、8月6日、あいちトリエンナーレ2019参加アーティスト72組が、テロ予告と脅迫、政治家の介入に抗議しつつ、「表現の不自由展・その後」の展示は継続されるべきであったとするステイトメントを発表

（その後、88名まで増加。2019年8月末時点）。8月12日には参加する海外作家11名が同展の閉鎖を「検閲」として抗議するオープンレター「表現の自由を守る」を発表し、不自由展再開までの自らの作品の一時的な展示中断を求めた。8月20日、それは実行に移され、8名の海外作家が展示を閉鎖あるいは展示内容を変更。田中功起が展示のフレームワークを見直すと発表したり（8月21日）とその動きが広まる一方で、加藤翼、毒山凡太朗らが会場近隣にアーティスト・ラン・スペースを開設したりと、対話と連帯に向けて参加作家たちが主体となったオルタナティブな活動も広がっている。

卯城　今回の騒動でも「公金で政治的に偏った芸術展示をやるべきではない」という意見をよく見たよね。高須クリニックの高須克弥さんは、「税金を使うイベントは皆が喜ぶものでなければいけないと思います」とツイッターで言っていた。けど、それがはたして普遍的な正論なのか、イレギュラーな考え方なのかは、世界の事例と広く比較しながら考えるべきだと思うよ。ていうかそもそも税金ベースの「公共圏」で偏ったことがいっさい不可になったら、道でデモすらできなくなるじゃん。極論だけど。でも今回、右の方々もめっちゃデモしてたでしょ。公立美術館は誰のものなのか？っていうこの問題は、そういう「公共」の議論の延長にもあると思う。

世界で見たら、アメリカはたしかにアートイベントは偏ってるから金持ちの寄付でやるって側。一方で、ヨーロッパはだいたい公金側。たとえばドクメンタはヘッセン州とカッセル市の出資する「ドクメンタ有限会社」による企画・運営で、公金も多く投入されている。にもかかわらず、そこでは自国をディスる作品なんてデフォルトだよ。その態度が国際的に評価されて、世界で最重要な国際展へと成長したわけだし。そしてその結果、毎回国際的な批評やチェックにさらされるから、自国の閉じた事情で検閲や補助金がどうかなんて話にはなりにくい。ドクメンタがそんなことをしたら、全世界のアート関係者から大バッシングを浴びるでしょ。一方、あいちトリエンナーレの場合は、菅義偉・官房長官が補助金の交付の可否を公の場でチラつかせ忖度させたよね。河村たかし・名古屋市長もメディアの前で公然と少女像の撤去を要請した。こうした行動が「検閲」にあたるのか否かは議論があるみたいだけど、僕はこの、検閲まがいな行為がおおっぴらに行なわれる事態には驚いた。いままで忖度や検閲は、その疑いがかかりそうな場合も含めて、水面下で行なわれてきたでしょ。

松田　公開検閲（笑）。河村市長をはじめ、いろんな政治家なんかが「日本人」をひとくくりにしてて思わずゾッとしたわ。やっぱりカスは除外されてる（笑）。そもそも税金を払ってるのは日本人だけじゃないのにね。前にも話したけど、政治色の強いアートに慣れてない人が多い日本では、やはりドクメンタのような展示は難しいのかも。てか、あらゆる膿《うみ》という膿が出てる感じだね。

卯城　あんなにプロセスがガラス張りな公開検閲も珍しかったよね（笑）。そんなことがまかり通るくらいまで、当たり前のことと非常識なことが、この数年で逆転したってことなのかな。Chim↑Pomも「表現の不自由展・その後」に出品してるんだけど、その作品《堪え難き気合い100連発》はいまから4年前の「堪え難き」展のためにつくられたもの。その当時はアーティストからですら、「こんな（検閲みたいな）ことって、表現の自由が保障された日本である？」って言われたからね。それからたった4年で、ここまで来ちゃったかって感じ。いま日本のアート関係者で「表現の自由」が保障されてるって無条件に言える人、いますか？

松田　いませんわな。政治色の強いアートにアレルギーみたいなのを発症してる人も多かったし、「みんな」の味方こと滅私奉公人たちはお祭り状態で、脅迫も相次いだ。中止が決定して、「テロに屈した悪しき前例をつくった」なんて言われてるけど、一概には言えないと思うな。

卯城　こないだその電凸を指揮してる保守団体の方とお茶してみたんだけど、まさに「みんなの味方」だと自認してて、正義と悪って構図の話をしてたよ（笑）。逆にゴリゴリの左翼の方と話しても、構図は同じ。こちらとそちらとか正義とヘイトなわけ。てか「悪

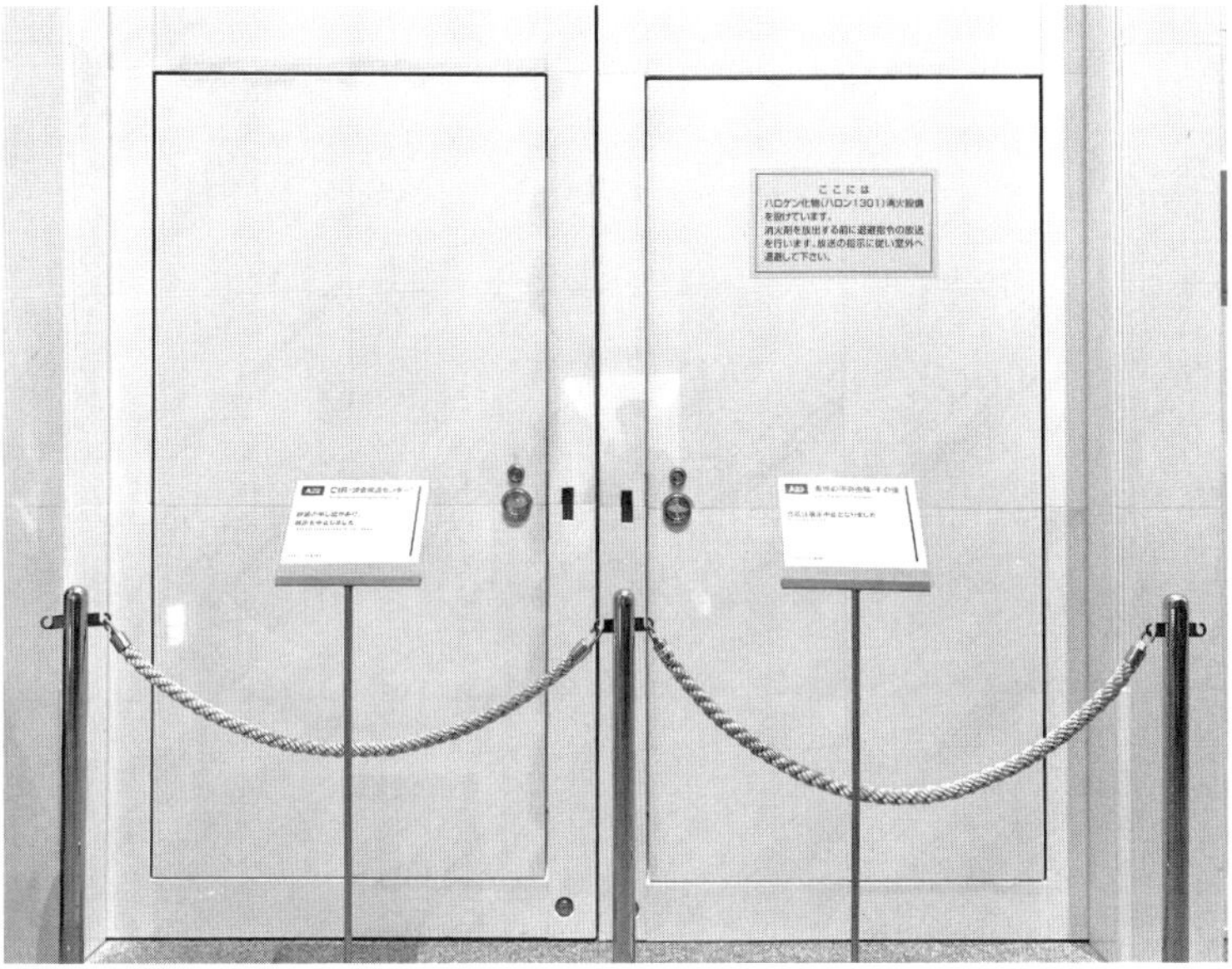

「表現の不自由展・その後」展示室前　2019年8月20日に撮影
「あいちトリエンナーレ2019」の開催わずか3日後の8月3日に愛知芸術文化センター内の同展示室は閉鎖され、隣室のCIR（調査報道センター）は抗議の意を示し8月10日に展示を辞退している。
写真提供：ウェブ版「美術手帖」

しき例」とか言ってる人の意見も僕には謎で、「これでまた表現の自由が後退した」って言う人もいるけれど、そうかな。だってこれまでも検閲は水面下に存在してたんだよ。みんなが気づかなかっただけで。それが今回まるごと可視化されて、誰もが知る現実になったわけじゃない。さらにそれがキッカケで海外でもめちゃくちゃ報道された。たくさん日本にあった芸術祭で、ここまで世界で議論されたものはかつてないよ。津田さんならではのジャーナリスティックな現象だと思う。つまりむしろ、ここがいよいよ日本の検閲についての議論のターニングポイントなんじゃないかな。国民的だけじゃなく世界的な議論のテーブルに乗ってるんだから。

松田　そういう意味でいうと、「表現の不自由展・その後」の展示中止が決まった8月3日は、もはや日本の「検閲記念日」みたいな感じか（笑）。

卯城　そうそう。ていうか、このことだったのかな、椹木さんが去年言っていた「いまと大正を重ねれば、2019年は、あえて言うなら『昭和元年』だ。その年から何かが変わるんじゃないか」って超絶ネガティブな意味の令和元年……（笑）。でも、だとしたらなおさら、来年の8月3日にはむしろ検閲記念日1周年をやるくらい盛り上げるべきだよ。毎年やってるうちに、「今年も検閲について考える8月3日がやって来たねえ」って終戦記念日みたいな意味が出てくるかもしれない（笑）。

21世紀の「表現の自由」を新たにつくっていく

卯城　今回「表現の自由」ってものがこんなに脆弱だったんだってことが結局わかったわけじゃん。トップダウン的に与えられた権利のような感じで、そもそも社会に備わったものとしてあって、それを個人がどう闘い取ってきたのかももうわからなくなっていた。丈夫な壁に守られていると思いきや、その壁はじつはハリボテだった、みたいな。けどその幻想に気づき、これはヤバい、いま当事者として闘っとかなきゃ、ってトリエンナーレのアーティストたちが動き始めたんだよね。もちろん僕もその一人。でもそのときに気をつけなきゃいけないのが、「表現の自由」を「守る」っていう、ディフェンス感。ここで20世紀的な表現の自由に戻るんじゃなくて、むしろ21世紀の表現の自由っていうものを新しく自分たちでつくっていかないと、守るべきものの手ごたえさえ曖昧。

松田　いまの状況でただ「表現の自由を守れ」って主張し続けるだけって、ある意味「鎖国」に近いよね。守る前にそれ、そもそもまだできてないから（笑）。

卯城　そんな、外をシャットダウンするための壁に自由を守ってほしいわけじゃないからね（笑）。やっぱり違和感が残るのは、「表現」に対して左翼的であれ右翼的であれ発想が近代的なところ。「表現の自由」ってもちろん普遍的な正論なんだけど、昔みたく権力の介入だけがその侵害の理由じゃないでしょ、いまは。なんならネットによって開かれた議論の場で炎上したりして、ポリコレ・パワーで展示の自由が奪われるケースだってめっちゃある。つまり、「開かれれば開かれるほど、閉ざされていく」っていう逆説が、公共の場では当たり前になっている。

松田　ネットも「閉じたオープンな場」っていうか、個人が特定されないからむしろ本音を引き出したところもあるわけでしょ。そういう本音を生産的に変える「クローズドな場」こそが、アートとしてオープンな作品や展覧会をつくり出せるってのはあると思うけど。

卯城　当たり前の話なんだけどね。議論や交渉でいうと水面下でやるからこそ、ぶっちゃけた話も斜めのアイデアも出てくるわけだから。本当はクローズドに考えなきゃいけないことがたくさんあるのに、いまは社会がとにかく「開くこと」への強迫観念を持ってて、その結果あらゆる場所で閉鎖が起きている気がする。この「あいトリ」がまさにそれだし、公にタッチしなくなってクラスタ化する現象も、逆説的にある意味似てる。

松田　だからこそ、第三者委員会とかが必要で、行政とアートのあいだを取り持つアーツ・カウンシルなんかが生まれるわけだ。

卯城　やっぱいったん壊滅しないと復興はできないじゃん。今回、「表現の自由」を守る「壁」のハリボテ感を痛感したわけでしょ。さらにその壁の外側に出てあらためて見てみたら、そこには盤石なインフラや公共性なんてなくて、焼け野原のまんまだったってことがわかった。「ああ、立派だったのはこの部屋の内側だけだったのか」ってことを知り、民主主義や「公」の機能不全が可視化された。一見グラマーなハリボテの街を、僕らは近代社会だと思い込んで生きてきたんだよ。

松田　そういう意味で言えば、美術館こそじつはハリボテだったんじゃないかって疑いもあるよね。一見、ていうか外見の盤石性は何よりあるけど、最近多発してる検閲やクレームへのディフェンス力を見るかぎり、内側は超脆弱。

卯城　たしかに。今回みたいな騒動を防ぐノウハウは本来、美術館に蓄積できていてしかるべきだもんね。小さいギャラリーでは過激なアートは存在する。それと何年かに一回の公的な芸術祭との中間は美術館だから。美術館がコンスタントに挑戦的なことをやってきてたなら、その実践の中でノウハウも蓄積できてたわけだし。でもこの21世紀にもなって、電話やFAXといった古風な攻撃でシャットダウンしちゃうのが日本のアートの姿でしょ。だからそれは芸術祭の脆弱性のみが原因ではなくて、そのノウハウを蓄積してこなかった、つまり闘ってこなかった美術館と、「それもしょうがないよね」って呑気にやってきた日本のアート全体の脆弱性なんだと思うよ。

いま「あいトリ」の海外と国内の作家をつなぐために奔走している小泉明郎さんがそのやりとりの最初にすごく良いことを言ってた。作品の取り下げをいち早く表明した2人の韓国人アーティスト、イム・ミヌクとパク・チャンキョンに全面的に敬意を表明したあと、「韓国の人々は言論統制（日本による占領統治、「光復」後の軍事独裁政権）によるいかなる暴力の怖さも肌感覚として覚えています。そして民主主義を勝ち取って現在の韓国があります。その表現の自由の重みも肌としてわかっています」。知識として知ってる、ってことじゃなくて、覚えてます、って言ってるわけよ。自分の作品展示を閉じた日、ミヌクは泣いたんだって。もちろん観客や現場のセキュリティの問題は大事だけど、それも検閲にとって良いエクスキューズになりがちなわけ。みんなの身体が安心・安全に守られる社会の先にガチなディストピアがあるって危機感を、彼らは肌感覚でわかってる。

「表現の自由」には、そういう人類史的な歴史はガッツリとある。大正や戦前のアートの経験からも、日本のアーティストだって当時世界に類を見ないほど強力な圧力と闘ってきた。その結果ウチらは「表現の自由」って権利を得たはずでしょ。なのにそのインフラ自体はハリボテだったのはなぜなんだろう。

アーティストによる前代未聞のボトムアップな「公づくり」が始まった

卯城 だけど日本の参加作家たちも、いま、この状況に、新たに何かを建てようと動き始めてる。チャットアプリに国内外59人の作家が参加し、日夜対話を重ねたり。アーティストたちによる非公開のシンポジウムも名古屋や東京で行なわれてる。まさに水面下の動き。（加藤）翼くんや（毒山）凡ちゃんは独自に対話のためのアーティスト・ラン・スペース（「サナトリウム」および「多賀宮 TAGA-GU」）を名古屋の会場近くにつくったしね。ほかにもいろんなアーティストがワークショップを提案していたり、展示替えなどのアイデアで抗議したりしようとしている。再開までのボイコットも含め、言っちゃえばアーティストによる新たなコンテンツが会期中にめっちゃ増えるわけよ。で、それらは多元的に行なわれるから、今度はみんなで、バラバラに見られないよう、それらが共通のゴールに向けて行動しているってことを示す、ひとつのパッケージをつくろうと話し合っている。誰に言われるでもなく始まったこの動きが、僕には、焼け野原からの闇市がそうだったように、「個」によるボトムアップな「公づくり」のように見えるよ。

松田　なるほど。自治体って「公」が機能不全になりトップダウンが麻痺《まひ》したときに、アーティストがゆるい連帯を自ら始めるってのは面白いな。公っていうか、それってまさに「講」づくりでもあるんじゃない？　とくに翼くんたちがつくったスペースって、芸術祭スタッフを含めた地域住民の人たちとアートをつなぐっていう場所でもあるようだし。で、その「共通のゴール」ってどこなんだろう？

卯城　「講」か。たしかにアーティストのネットワークだしそうも言えるかも。けどこの動きは「公」を実質的に変えようというものだからね。公に頼らない相互扶助、ってのとは少し違うかも。共通のゴールは、1日でも1時間でもいいから、「表現の不自由展・その後」だけじゃなく、ボイコットされている作品も含めた、あいちトリエンナーレ2019すべての展示の再開だよ。全部。全部開ける。その「表現の自由」の獲得ワンイシューのために、多くのトリエンナーレ・アーティストたちによるひとつの大きなプロジェクト「ReFreedom」が立ち上がった。

ひとつのパッケージの中で多元的な何かが行なわれる、って、要するにグループ展のパッケージみたいなもんだけど、今回はそこにキュレーションはないわけよ。みんなが自発的に始めるアクションがもとになってるだけだから。つまり、この本でずっと話してきたことがいま実際にアーティストの中から起きてるんだよね。

松田　まあでも今回はそういう危機感を湧き上がらせる思いっきり強力なトリガーがあったからね。官房長官まで出ばってきたし。登場人物がメジャーすぎるでしょ（笑）。表現の自由も検閲も、そもそも政治家や官僚って公人ありきのイシューだから、今回は必要なキャラがマジで出揃った感じがある（笑）。

卯城　ボスキャラからボトムまで全員集合した感じはあるね（笑）。過去の「あいトリ」を手伝ってた人たちやオーディエンスも運動に参加してきてるしね。けど政治家にとってもターニングポイントだよ、いまは。自分が検閲のアイコンと表現の自由のアイコンとのどちらになるか。

松田　河村さんは間違いなくアウト。だって美術史って、この何年かのドメスティックな政治や常識をはるかに超えたタイムラインや常識があるんだよ。１００年後に美術史的な観点で「表現の自由」が振り返られたときに、自分の発言がめちゃめちゃネガティブなアイコンとして歴史に残っちゃうことを理解してない。

卯城　どうせアートや美術史のことなんて知らないし、興味もないんでしょ。ただ、今回南米の作家たちのリーダー格で過去に自分も検閲にあってるキューバのアイ・ウェイウェイみたいなアーティスト、タニア・ブルゲラ（メンソールで強制的に観客を泣かすインスタレーションを出展していた）が言ってたことなんだけど、これまでの経験上、検閲にあって中止になった展示って二度と再開しない。だけど日本の行政や芸術祭の運営側は展示中止後にも対話が成立した。で、これはもしかしたら本当に再開できるかもって思ったんだって。だからもしリオープンが実現したら、それこそ「表現の自由」がネガティブなものからポジティブなものへと一気に更新されたアイコンとして、「あいちトリエンナーレ」は世界の歴史に名を残すことができると思うよ。それを大村知事にも理解してもらうつもり。

松田　ドメスティックで未成熟だと思われがちな日本のシーンだったからこそ、インターナショナルなトピックや出来事がつくれたなんて、めっちゃポジティブなことだよね。あとさ、僕は今回の騒動を通じて、あらためてアートならではの連帯の構造をすごく感じたんだよね。アートってさ、それぞれのアーティストがバランス感覚を働かせながら、世の中の「聖」や「邪」を担っているところがあるでしょ。聖担当のやつもいれば、邪担当のやつもいる。グレー担当だっている。どれが欠けてもアートは成熟しないどころか、成り立たない。なぜなら、地球上に起きてる物事は、聖も邪も、善も悪もごちゃ混ぜにあるし、人間自体がそんなもんでしょ。つまり、すべてのアーティストはタイプが違っても、全員「連帯」してるんじゃないかと。

そんでさ、作品一つひとつは「みんな」のためにつくられているわけではない。けど、聖担当と邪担当、全部で見たら、やはりアートは「みんな」にとって宝になりえるものだと思ったよ。だから個としての作品レベルでは、見た人が嫌な思いをするものも当然。その象徴が今回の《平和の少女像》だったわけだよね。

卯城　こんな善的な運動やってるいまの自分にとってもそのバランスの話はめっちゃ大事なこと。いつもアホなこと考えてばっかなのに、いまは善行をやるしかない（笑）。おかやんが2012年の『美術手帖』（3月号。特集「Chim↑Pom プレゼンツ REAL TIMES」）冒頭に書いた中国に伝わる古い言い回しを思い出すんだけど、「龍は混沌の中の秩序」であってバランスを司《つかさど》っている、という。それをアーティストにたとえてて、つまり世の中が安定してたらカオスを生み、世の中がカオスになれば安定をつくる、原文を引けば、「善悪入り混じる世界でそのすべてを受け入れ、善多きときには悪と、悪多きときには善と成し、この混沌たる世界における秩序となるのだ」。アートってそもそもそういうもんだよね。だから「公金だから」「みんなが喜ぶように」って要望にアートで応えるのは原理的にムズい。

松田　ムズいし、マズいよね。善悪をはらんだ世の中で、そんな善ばかりを見せるような展覧会なんて。さっきも言ったけど、アーティストやアートが世の中のバランス構成的な役割も担っていて、「みんなが喜ぶ」展示があるなら、「みんなが嫌がる」展示もやらなきゃ（笑）。アーティストはお互いが同化しにくい存在だけど、やはり連帯しなきゃだし、もともと連帯しているんだと思う。で、そういった真逆思想のようなものがごっちゃになったイベントはやっぱりドキドキするし、面白い。理想展もそうか。

卯城　バラバラのものが一緒に展示されることによって、ゆるやかな連帯が必然的に生まれるってことでしょ。グループ展的な。はっきり言ってアーティストってふだん連帯できない人たちだからね（笑）。だからキュレーターによるまとめってのが必要なのかもだし、アートコレクティブのブームなんかが美術史的には革命的に見えちゃうのかも（笑）。だから「ReFreedom」みたいなアーティストたちによる自然発生的コレクティブは、もはや奇跡に近いよ。

松田　そんな行動や作品に右翼の人たちがもしまたクレームつけてくるようだったら、僕が右翼の人たちの言うことだけを聞いてモニュメントとかつくってあげようか（笑）。それが何なのかはまったくわかんないけど。前に卯城くんが言ってたようにネトウヨも社会の一部だから、そういうアーティストがいてもべつにいいし、アーティストならそういう人たちとも連帯できるような気がする。

卯城　それめっちゃ見たいわ（笑）。そして今度はそれが左翼系の方々にフルボッコにされてる状況も見てみたい（笑）。さらにそれが撤去されたら再開目指してまたまた「表現の自由」の運動か……（笑）。めんどくさいけど、アーティストの連帯って、そもそもそういうマジでバラッバラな個によるものじゃなきゃ意味ないからね。同じ思想や言葉や行動で一緒になれる人たちとはなんか違う。

松田　それはアーティストが「個」であるって前提に基づいてるからじゃない？「公」の中に「個が立つ」アーティスト。一方で「個」を失った個人、つまり「私」になるとプライベートだから連帯する必要すらない。で、滅私奉公人は個もなく私もないから、集合体になりやすい。でもその場合は連帯っていうより「同一化」なんじゃない？　全員で富士山を描いてて、富士山ヤバいよね、みんな好きだよねって全員で言ってる、みたいな。滅私してるわけだから、同一化だよね。みんなでひとつ。

卯城　自分が描きたいものがわからなくて、みんな富士山描いてるからとりあえず富士山描いときゃ大丈夫な空気。「マジョリティ園」に居場所を見つけて安心する消費者も同じ構造だよね。でも、みんなが富士山を描いてる世界に「表現の自由」なんかあるわけない。べつに偉い人から描くなって検閲されるかどうか以前に、彼らが空気読まずに富士山以外のものをそこで描けますか？ってことでしょ。

松田　それが滅私奉公人のみのグループだったら、そこに参加しなきゃいいだけだからべつにかまわなかったけど、近年それが社会全体に広がってきてるからマジでキツい。みんな富士山しか描いてないところでやるのってすげえ大変だよね。そこでウンコ描いても、自由どころか、「汚いでしょ」って言われて終わりだもんね（笑）。嘲笑だけならいいんだけど、いまの時代だと謝らせる空気があって……

卯城　ウンコ描いてごめんなさいって土下座しろよ！って責められる（笑）。みんなが富士山を描いてる中で突飛なものを描くのって、「個の時代」なら笑える雰囲気もあったから、それが天才（アーティスト）の闘い方だったと思うんだけど、いまはジョークが通用しないわけ。社会がシリアスすぎる。

松田　でも美術史的には宗教画しか描かない時代もあったわけで、その中でもちゃんと「個」が存在していたよね。みんな富士山描いてるのに、こいつの描く富士山はすごい、みたいなことをアーティストはやってきた。それこそダ・ヴィンチとか。

卯城　周りの空気の作法に則りながらも一線を画すわけだから、ある意味それがいちばん面白いよね。マジョリティの文脈とかバックグランドを理解したうえで、ユニークな作品をつくる。「公の時代」のアートのひとつの戦略だよ。

松田　そういう意味では小泉明郎さんの《空気》こそ「公の時代のアート」だよ。大浦信行さんたちの作品と同じく天皇を題材としてて、しかも天皇の存在を「消す」なんて、どう考えてもヤバいのに、今回はまったく炎上してない（笑）。作品の持つ佇まいもミニマルで上品だし、最高だよ。ダ・ヴィンチ・コードじゃなくて、メイロー・コード（笑）。

卯城　なんなら古くさい近代的な額縁とかを使ってて、見た目はただの風景画でしょ。何も言わなきゃメイロー・コードは読み解けないし、右翼の方も一見して「良い絵だ」って頷きそうだよね（笑）。まあ、まとめに入りますが、今回のあいちトリエンナーレを受けて、いまようやく日本のアーティストたちが動きだして、さらに連帯し始めたってのがやっぱヤバいしいちばん画期的なことだとは思う。この本が出版されるころにどういう結果になってるのかはわからないけど、どうなろうがこれは「公の時代」のアートの第一歩、歴史的な歩みだよ。日本のアート全体の経験値にもなるし。いろいろあって大変だけど、それこそ炎上の大火でガッツリ焼け野原となった土地に、新たな「表現の自由」の建設が模索されてるわけでしょ。その結果がどうであれ、そのムーブメントを始めた「アーティスト」ってものの存在意義が、いまあらためて問われだしたね。

9

新しい公共をつくる方法論とは＋青木淳

青 木 淳（あおき・じゅん）

1956年神奈川県生まれ。建築家。1991年、青木淳建築計画事務所を設立。代表作に「ルイ・ヴィトン表参道」（BCS賞）、「青森県立美術館」「杉並区大宮前体育館」「三次市民ホール きりり」など。公共建築、商業建築から個人住宅まで広範な建築ジャンルでの設計を務め、美術家としてインスタレーション作品の制作なども行なう。2019年から京都市京セラ美術館館長。作品集に『青木淳 Jun Aoki Complete Works 1』（INAX出版）、著書に『原っぱと遊園地』（王国社）など。2005年芸術選奨文部科学大臣新人賞を受賞。

「公共」や「都市」って じつはすごく空っぽな言葉だと思う

松田　青木淳さんとお話ししたいと思ったのは、建築家ってまさに「公と個」の現場にかかわる当事者だと思ったからなんです。まずは青木さんが2004年に書いた『原っぱと遊園地——建築にとってその場の質とは何か』(王国社)を読んで共有できそうな部分から話せればと思うんですけど、これは遊園地のような、遊ぶのにあらかじめルールや目的が与えられる場所と、原っぱや空き地のように、そこを使う人が自由にルールを開発していく場所を対比させた本ですよね。これを「公共圏」の文脈に置いてみると、僕らがこれまで話してきた、新たな「公共の場」への違和感に接続しやすい。公園はもう「公」じゃないとか、公共圏の管理がハンパないとか。

卯城　それにいまは、従来の「公共圏」みたいに、公共＝公立っていう定義に収まらない、新たな「公共」が増えてるじゃないですか。ストリートアートから考えるとわかりやすいけど、たとえばバンクシーの活動の場は、公道でも私道でも落書きの対象だし、『シンプソンズ』のオープニングに自分を介入させたりもする。美術館に自分の作品を勝手に設置もするし、サザビーズのオークションでは自分の作品が自動でシュレッダーにかかるパフォーマンスを仕掛けましたよね。バンクシーは「公」の概念を「ストリート」という概念に置きかえていて、パブリック／プライベートという運営の形態よりも、世の中に「公の性質」を持っているすべての事象が対象になっている。そこに「個」をぶつけることで「公」のニュアンスをあちこちで引き出している気がするんですよね。

青木さんは丹下《たんげ》健三《けんぞう》や磯崎《いそざき》新《あらた》といった現代の建築の巨匠から「都市計画」的な遺伝子を受け継いでいて、青森県立美術館をはじめ公共の建築物もたくさん設計されている。２０２０年に京都市京セラ美術館としてリニューアルする京都市美術館の設計と新館長も兼任されますよね。建築という「器」の部分だけじゃなく、つねにその「中身」としてのコンテンツについて考えているように思うんですが、まずは「公と個」についていま青木さんが思うところを聞いてみたいな、と。

青木　僕は、まず「公」という言葉を信じてないんです（笑）。だいたい日本語の「公」という言葉には2つ、違う意味があるじゃないですか。ひとつは「お上」という意味、もうひとつは「みんな」という意味。このほとんど反対の意味が、都合良く使い分けられている。たとえば「公共建築」って、税金でつくった、つまり「お上」が公権力を行使してつくった公立施設のことであって、「みんなの建築」という意味じゃない。なのに

「公共建築」って言うと、まるで「みんな」のためにつくられた建築っていう感じ。だから僕は、「公」という言葉が嫌なんです。その「公」を英語に訳すと、第一義的には「パブリック」ですね。これは「プライベート」の対義語。自分だけ、あるいは内輪だけのものでなく、公衆の面前に立っての、という意味。だから、「パブリック」な空間って、ある種の緊張を強いられる。つまり、パジャマ姿では行けないところ（笑）。「公」よりはだいぶ明確ですね。役所がつくろうが、商業資本が商売のためにつくろうが、関係ない。都市は「パブリック」だし、ハメをはずしちゃいけない場所は劇場であれ、レストランであれ、「パブリック」。

卯城　ですよね。そういえば「パブ」の語源は「パブリック・ハウス」。もちろん全部私営だけど、不特定多数が飲みながら社交や社会活動をするところだった。

青木　「パブリック」の前提にあるのは「個」。個が個の勝手でやっていいのが「プライベート」で、他の個の存在を気にしなくてはならないのが「パブリック」。その一方で「公」、つまり「お上」と「みんな」は、「個」がないという点で共通している。これは「お上」が決めたことだから我慢しなさい。これは「みんな」で決めたことだからわがまま言いなさんな。「公」という言葉には、そんな「個」に対する抑圧を感じます。だいたい、その言葉を聞くだけでなんとなく説得されてしまうような言葉って、胡散臭《うさんくさ》いでしょ。「都市」とか。

卯城　えっ、全然わかんないです（笑）。

青木　「都市」という言葉には、田舎の封建的な地縁血縁から離れ、自由を獲得した「個」が寄り集まってわいわいやる、明日がどうなるかわからない刺激的な空間という感じがある。でも、ただ広場や稠密な空間をつくれば自然にそうなるわけではなく、東京のような大都市が地方都市と比べて、そういう意味での「都市性」が高いという保証もまるでない。なのに、「都市」という言葉ばかりが一人歩きをしている。実際、日本の大都市が「個」を大事にしたことがあったのかどうか。

卯城　なるほど。しかもそれってコンセプトとしては有効だけど、地理的にも幅的にも、もはやどこからどこまで都市なのか、その境目もよくわからないですもんね。

青木　「公」も「都市」も実体がなく、一見「個」を大事にしているように見せかける、すごく空虚な言葉。だから僕は、そういう言葉を使わずに建築をつくろうとしてきた。ところで、「都市」なり「公」なりの言葉の不良債権化は、「都市計画」の頓挫と並行していました。たとえば、石川栄耀《ひであき》さんのような人がいたわけだけど。

卯城 新宿歌舞伎町の生みの親であり名付け親。「都市は人なり」っていう名言を残して、Chim↑PomはそれをSukurappu ando Birudoプロジェクトの書籍化にあたって本のタイトルにしました。

青木 ええ。石川さんという都市計画家は「盛り場」研究に見られるように、都市の本質を実利的価値以上に、人々が生を楽しみ集団的気分に酔うことができる人間の郷土として捉えていました。敗戦後の日本は、戦時中、国家が個から自由を奪った反省から、これからは民衆が主人公の世の中でなければならないという風潮に、国中が覆われたでしょ。石川さんはそんななか、個々人の心の自由を大事にした人だと思う。だけれど、その風潮が結局、都市計画の国家的運用の波にのまれてしまう。丹下健三さんの「東京計画1960」や1970年の大阪万博に関わった磯崎新さんもまた、万博を機に、形式主義的な「手法論」こそがアクチュアルな政治的言語になりえるとし、社会的要請にリアリズム的に応えることから撤退しました。「公」という概念が「個」からなる「パブリック」に育つ前に、再び「お上」に回収されてしまった。1970年ごろの話です。

卯城　建築家にしてみれば、自分が面白い都市設計を考えてもそんなの関係なく、どう都市がつくられるかなんて他のところですでにもう決まってるじゃん、みたいな。

青木　建築家は都市から撤退しました。しかし、２０００年くらいからかなあ、もう一度、都市に接近します。今度は「都市計画」ではなく、「町づくり」というかたちで。キーワードは「みんな」。みんなのための、みんなの町を、みんなで決めてつくる。「人」を統計でしか見ない抽象的思想の都市計画はもういらないし、建築家のエゴでつくられた自己満足的な建築ももういらない。これからは「みんな」の「公」の町。でも、「みんな」って言葉が出てくるところが怪しいよね。「個」を隠している。たしかに、アヴァンギャルドの名のもとにつくられた建築の多くは現実から遊離していましたし、それを「個」だからと無条件でリスペクトすべきとは思いませんが、「個」が出発点でなければ、人々の自由は奪われる。そんなこんなで、僕は「公」とか「都市」とかいう便利な言葉を使わずに、むしろそれらを疑うことで逆説的に「パブリック」に近づければ、と思ってきました。

松田　つまりそれは、青木さんの言うネガティブな意味での「公共性」との縁も切るってことですよね？

青木　ええ、そんなとこかな。でも、「パブリック」の具体的なイメージはぼんやりしてますね。で、なんかないかなあ、と思っていたら、ブリューゲルの《子供の遊戯》にぶつかった。画面いっぱいに、いっぱいの子供たちがいる。その子供たちが、三々五々、91種類の遊びだそうですが、バラバラの遊びに興じている。みながそれぞれのことをしているけれど、ひとつの場所に集まっている。ほんとかどうかは知らないけれど、描かれているのは市役所という説もある。まさにパブリック・アーキテクチャーですね。この情景の特徴を一言で言うと、「まったく違う人同士がすれ違う場所」。「すれ違う」というところが大事です。

たとえば、駅という空間があります。駅は、基本的には目的地ではありません。人々は駅から電車に乗って、それぞれの目的地に向かいます。駅は、その途中、別々の目的地に向かっている人々がすれ違う空間です。すると、なにか想定外のことが起きるんですね。映画や物語でも、出会いはよく駅で起きる。《子供の遊戯》でも、子供たちはみなと遊ぶことを目的にそこに集まっているのではない。それぞれがやりたい遊びをしているのだけど、そのあいだの距離が近い。近いから、ぶつかるかもしれない。ぶつかれば何かが起きるかもしれない。バラバラな人たちが、ぶつかるかもしれないある一定の密度以上で交差する状況が、都市性というものなんではないか、と。

松田　なるほど。建築家って建物や都市をつくるときに個人個人の通るルート（導線）含めいろんなことを考えてデザインするじゃないですか。設計者が個のことを考えてないなんてことは絶対にないと思うんだけど、その個のことを考え抜いて「みんなのため」をなすには、個を相対化するしかないですよね。小さなことで言うと、いちいち全裸にならないとおしっこできないやつとか、つねに二、三段階段を飛ばさないと気が済まないやつとか、そういった個人にフォーカスしてもしょうがないし（笑）、イレギュラーに動いてはみ出る人たちのことは考えの外に追いやるしかないんだと思うんですが、結局そうやってできたパブリックなスペースが、イレギュラーなき「一般」っていう全体の統一感を推し進めてしまってるってことはないですか？「みんな」のことを考えすぎた結果、「公の時代」を推進させてしまってるっていうパラドックスがある気がするんですよね。

青木　いや、じつは僕は設計で人の行動を読まないんです。その論理でつくると、人の行動を良かれ悪しかれ決めてしまいますから。たとえば小学校の廊下ってふつう、走っちゃいけない。すると逆に、走っていい廊下があってもいいではないか、という話になって、「はしろうか」なんてものが設計されたりします（笑）。そんなことをしたら、走る自由がなくなってしまうではないか、人の行動を空間が先取りするなよ、と僕は怒ってしまうんですね。

「公」というブラックホールに吸い込まれていく

青木 ところで話を戻して、「パブリック」のありかについて考えてみますが、それは「トライブ」（部族）間にある、と思うんです。たとえば、パリに行きますね。すると、大雑把に言えば、街は人種・国籍の人ごとに住み分けられていて、自分の部族外の区域に入ると危険だったりする。スラム街はその住人には安全だけど、外から入ってくる人間には危ない、とか。欧米の街はたいてい、複数の異なるコミュニティからできていますが、その「あいだ」の境界線というか隙間が「パブリック」のありかではないかと思うんです。他の区域には入るのも危険だし、そこの人とは付き合えそうもないけれど、この隙間の空間でだったらなんとかなりそう、という。

卯城 なるほど。その部族間に違いがあるのは前提として。

青木　その隙間は、つまりは緩衝地帯ですね。Ａコミュニティから Ｂコミュニティには直接行けない。けど、そのあいだの緩衝地帯には行ける。そこには、Ａコミュニティからの人も、Ｂコミュニティからの人もいる。自分が属している場所と比べれば落ち着かないけど、まあちょっと我慢すれば大丈夫、という場所。そんな安全帯はトライブとトライブとの「あいだ」にもありえるし、個と個の「あいだ」にもありえる。しかも、その空間は必ずしも物理的な空間でないかもしれない。しかしどういうかたちであれ、境界線に厚みを持たせてそんな緩衝地帯をつくっていかないかぎり、他人と付き合えない。ところがこれが日本だと、みんなが「日本人」というひとつのコミュニティに属していることになっている。だから、他のコミュニティとの「あいだ」が存在しない。あるのは、そのひとつのコミュニティの「外」だけ。日本にもし「パブリック」な空間があるとすれば、それはコミュニティの城壁の外側にある、よくわかんないおそろしい異界。

欧米には、コミュニティが生き延びるために必要な、コミュニティ間の双方向的交渉への投企として「パブリック」という概念がある。その空間は、出て行っても帰って来られる安全帯としてイメージされている。しかし、日本での「パブリック」な空間は、自らの立ち位置からの無謀な脱出先にあるので、帰って来られるかとても不安な場所です。だから、出て行きたくない。つまり、コミュニティの内側へと引きつける求心力が働いている。その内向きの動力というか圧力が「公」と呼ばれているものの実態じゃないかなど、思う。

卯城　「世間」とか。

青木　そう、「公」と「世間」は同じかな。でも、「あいだ」の空間がないと、「個」は見えてこない。なぜなら、あるコミュニティに属するということは、そのコミュニティの色に染まっているということでもあるわけで、その内にいるかぎり、色は見えない。それが「あいだ」としての空間に出てくると、いろんなコミュニティの色に染まった人たちが混ざるので、「個」の色が見えてくる。しかし、日本には「あいだ」の空間がない。だから、「個」も見えてこない。いったい、「公」っていうのは何なんでしょうね（笑）。

松田　やはり日本にはトライブ間の「あいだ」がないんですかね。マジョリティ・トライブとカス・トライブが、お互い我慢して出会える場所（笑）。これは、以前僕らが多ジャンル間のクロッシングイベントがあまりないって話したことと親和性のある話題かもね。で、日本にあるのはマジョリティ・トライブが我慢しなくていい場所、それが「公の場所」になっている、と。そのだいたいは、都市計画でよく目にする、「女性から子供まで行きやすい」や「入りやすい」ばかりをうたっている、「行きやすい・入りやすいの押し売り」的な場所。僕が問題だと思うのは、そういう「公共もどき」みたいな場がひとつだけだったら避ければいいやってことで済まされるのに、公共もどき的ポリシーを持った空間ってのはいまや増殖していて……。

青木　一種のブラックホールですね。「個」を全部吸い込んじゃう。

松田　そう、吉野家みたいな「公共もどき」のチェーン店化（笑）。お上の独断でそれを増やすみたいな北朝鮮的な話ではなく、公共の場づくりが民営化されたことによるチェーン店化。その同時多発性こそが「公の時代」のひとつの兆候だとは思うんです。

卯城　青木さんの『原っぱと遊園地』の中で「いまや多くの建物が『民主的』という名のもとに、『遊園地』化してきているのではないかと思うのだ」っていう指摘もまさにそうなんですけど、「民主的」ってのがけっこう怪しい言葉になってきてますよね、最近。「みんな尊重」とか「総活躍」とか。際立った個が想定されてる民主化じゃなくても、「みんな」や「一般」を想定してるからいいでしょっていう民主主義。けどさ、その「民」の画一化ってほんとに「民主化」なんだろうか？　独裁的に行なわれてないだけで、民を画一的に見るのは北朝鮮と同じ。だからそれこそ検閲の話なんかにすべて関わってきちゃうわけでしょ？　たとえば美術館で検閲や規制が横行してるけど、それっていまは公権力によって強権的に行なわれてるってよりも、「一般」の人々が傷つくから、とか、不快に思う人がいるから、って理由でしょ。検閲自体は中国とかでまかり通ってる問題と同じものなのに、理由が「一般への配慮」になるだけで、センサーする当事者の罪悪感みたいなものが薄れる。

松田　僕が公園から追い出された理由もそれだもんね。「民主的という名のもとに」イレギュラーな個が結局は排除されていく「公の時代」。「公」の運営側は多数の「民」に擦り寄り、多数の「民」は疑問なく用意された「公」の中で生きる。そうなると、イレギュラーな「個」の入る隙間がない（笑）。どうしても白黒つけなければならないときに発動していた「多数決」ってやつで、「個」の生き方まで制限されて決められるような。しかも実際は行なわれない想像上の多数決だったりで。とにかく「一般への配慮」が水戸黄門でいう印籠《いんろう》みたいには使われている気がする（笑）。

卯城　これってやっぱり、震災やオリンピック招致決定のあたりからすごくタームが変わってきた感じがする。それまでわりと気軽にできていた悪ふざけができなくなってくる一方で、でもなぜか個人個人は幸せそうにマジョリティとして生きているっていうか。

だから、『原っぱと遊園地』が刊行された2004年当時といまとでは、「原っぱと遊園地」という言葉で同じことを考えてはいても、その意味合いがおのずと変わってきているなって感じるんです。

青木　「原っぱ」には、最初から戦後民主主義的な側面がありました。みんなで話し合えば良い答えが得られるはず、というような。だけど、そもそもそれぞれが違ったバックグランドを持っているとすれば、そんな予定調和的にはいかないわけで、それでも、人が決めたルールに乗るのではなく、ルールは自分たちで変えられる、と言いたかったわけです。それがいつしか、「自分たち」というところがキツくなってきた。とくに震災後あたりからかな。「復興しよう！」ということ自体には誰も反対できない。社会の中で、意見はまとまらないかもしれない、という留保がなくなっていった。正論をわかりやすく短いスローガンにして、みんなが同じ方向に進む。その求心力の大きさは、やっぱりブラックホール。

松田　ブラック・パブリック・ホール（笑）。吸い込まれたら最後、全員等しくチリになるだけ（笑）。たしかに、「復興とか興味ない」って公《おおやけ》で発言することは難しい。全員が同じ意見なわけがないんだけど。

卯城　それ、アーティストの現状にも言えるな。みんなが同じ方向に進む求心力って、まさに巨大アートフェアなんかが典型的なものとして思い浮びました。アーティスト自身もいまは率先してそこに吸い込まれて「等しく」なる。

松田　その舞台が大きければ大きいほど派手に吸い込まれていくよね。だいたいアートフェアで儲かったり影響力を持ったりするのは、アーティストでもギャラリーでもなく、胴元である主催者だったりするのに。けれどバーゼルとかなんて大きい舞台には間違いないし、メガコレクターとギャラリーやアーティストをつなぐインフラとして超優秀だから、無視はできない。結果、ほとんどのアーティストが吸い込まれる（笑）。

卯城　まあ、そこに依存しなきゃいいって話でもあるんだけどね。もうひとつ、復興ってことでいうと、これ、建築にすごく関わってると思うのは過去の断絶の話で、日本では1回目のドクメンタみたいに戦時中の負の歴史を受け継ぐ発想が「戦後」をつくらなかったでしょ。過去は過去、いまは未来に向かって進むぞ！みたいな感じで戦後を始めたじゃないですか。「レガシー」という言葉を未来に向けて使う矛盾とも関係してますよね、これ。

で、じつはこれ戦争についてだけじゃなく、帰還困難区域の復興問題とも重なるんですよ。復興のビジョンって、帰還困難区域をそのまま残していくわけにはいかないから、除染のためにいったん多くの建物を壊して更地にして、そのうえでもう一回住居を建て直し、新しい町をつくるんですよ。避難されている町民の方に「そうやってできあがった町を想像してみて。『復興』って言うけどこれ、『新興』でしょ。新しくできた町に『還る』っていう感覚は持てないよ」って言われて、なるほどなって思ったんです。日本は戦後も帰還困難区域も、復興は「新興」することで行なわれる。すると、新しい町に歴史は可視化されないから、「記憶喪失」を産むでしょ。ここ昔はなんだったっけなー、みたいな。すると必然的にその場にいても過去のことは忘れ、問題は風化する。そしてまた同じようなことが再生産される。

スクラップ・アンド・ビルドの隙間をねらう

青木　「スクラップ・アンド・ビルド」って、2016年に開かれたChim↑Pomの「また明日も観てくれるかな?」(歌舞伎町振興組合ビル)のテーマでしたね(★25)。この展示、そういう東京なり日本を批判していると同時に、面白がっているというか肯定しているところがあって、そのアンビバレンスがすごくよかった。各階の真ん中の床がきれいに正方形に壊されて、そのまま落とされ、下でもともと各階にあったものがコンクリートの

Chim↑Pom「また明日も観てくれるかな？」2016年10月15〜31日
解体予定だった歌舞伎町振興組合ビルに大きな正方形の縦穴を開け、周囲にChim↑Pomの新旧作を展示。最下階には各階の床板と残留物を積み重ねた《ビルバーガー》を設置。会期中にはライブやパフォーマンス、トークなどを多数開催した。
© Chim↑Pom　Courtesy of the artist, ANOMALY and MUJIN-TO Production

床板と床板のあいだに挟まって《ビルバーガー》になる。こういうスクラップ・アンド・ビルドをその根本的論理に持つ歌舞伎町から、その力学だけを取り出して走らせている空間を体験したあとに町に出ると、歌舞伎町が来たときとは違って輝いて見えた。猥雑であることの自由さというか。石川栄耀が基本設計したコマ劇場前広場、いまはシネシティ広場と呼ぶのかな、があるでしょう。

★25　２０１６年に新宿・歌舞伎町振興組合ビルをまるごと用いた展覧会「また明日も観てくれるかな？」から始まった一連のプロジェクト。「全壊する展覧会」というコンセプトのもと、ビルの解体とともに展示されていた作品も壊され、それらの残骸を再構築して高円寺・キタコレビル内に公共スペースの「道」を制作。

卯城　あの広場って「道」としての扱いなんですよね？

青木　そう、日本の都市計画法に「広場」という言葉で出てくるけど、広場についての管理法がないんで、ほとんどが道路として扱われている。そもそも管理する側からすれば、不特定多数が集まれる空間は怖いから、「広場」なんて認めたくない。だからシネシティ広場も道路だし、デザインとしても、石川さんの基本設計がちゃんと踏襲されていない。でもその帰り道、その広場には、演説している人のまわりに数十人集まって聞いている人たちがいて、ダンスをしている一群がいて、またそんなことに無関心に、スマホを見ながらドリンクを飲んでいる一群がいたんですね。これもう、《子供の遊戯》じゃないですか。なんだ、この情景、歌舞伎町ではすでに実現していたか、と。でも、こんな自由な情景、他のところにはない。公園にだってない。

松田　公園にはありませんね。もはや公園に親殺されたんかってくらいしつこく言ってるけど、僕はただリラックスして、手づくり弁当食べてるだけで通報されたからね（笑）。

卯城　めっちゃエキサイティングしてたんじゃない？

松田　ゆっくり食べてただけだよ。ほんとに。寝癖は全開だっただろうけど（笑）。

青木　でも、そこが公園が広場と違うところかもね。百歩譲って公園には、町の空気や精神の汚れを浄化する目的を持つ場所、というコンセンサスがあるかもしれない。でも、広場は目的を与えられていない「原っぱ」、あるいは「空虚」であって、何が起きるかわからない。日本にはそういう、本来的に危険をはらんだ広場はなかった。でもその代わりに「辻《つじ》」があった。辻斬りという言葉もあるくらいだから、辻も危険な空間。辻はいまだと「道」ですね。

卯城　たしかに。だからか昔の前衛アーティストたちは道に出ましたもんね。ゲリラでわけわかんないパフォーマンスをして通行人をビビらせて、ある意味「辻斬り」をしてた。道で。そのステージが公園だったら、なんかふんわりしちゃうよね。日本ではデモや集会はまず公園が集合場所になってますが。

松田　たしかに公園も路上も、ゲリラで何かをやるときに同じ「見られる場所」ではあると思うけど、路上のほうがよりスリリングというか、ヒリヒリする感覚がある。路上はすれ違う人が想定しづらいってのはあるかもしれない。現代でも、辻斬りというか無差別な殺傷事件は道で起きている。公園は、のんびりしている人を想定するもんね。日本では、広場を含めて路上のほうが使用目的が定まってないというのはあるかもしれない。

青木　独立して自分の仕事を始めたころ、あらかじめ使用目的が定まっている建築が嫌で、建築をなんの目的もない空間にまで差し戻したいと思って、「すべての建築は道からはじまった」ということにしました（笑）。「動線体」というアイデアです。Chim↑Pomも、この歌舞伎町の展示のあと、高円寺のキタコレビルに「道」をつくったでしょう。日本では「空虚」な空間は、震災なり、戦災なり、あるいは再開発なりで、つまりそうとう暴力的に町の一部が「スクラップ」されたときに生まれてきました。「スクラップ」されて「ビルド」される前の一瞬の理想郷、というか。だから必ずしも「スクラップ・アンド・ビルド」は悪いことではないのかもしれない。この原理で動いている歌舞伎町で、この原理をポジティブに見せてくれた展覧会だったからこそ、広場としてきちんと整備されなかった中途半端なシネシティ広場が素晴らしい空間に見えた。

卯城　あの展覧会を機に、Chim↑Pomもそういう、道や広場や原っぱや空き地みたいな場所に広がる無限の自由については、めっちゃ考えるようになりました。だからその後、「にんげんレストラン」をどんな内装にするか話し合ったときに、どうせビルが壊されるんだったら、壁だけ残してあとは全部壊して空き地にするのはどうか？って案が出たんです。めっちゃいいとみんな思ってたんだけど、結局は結論が出なかった。だって、いまの東京の空き地には、昔みたいにそこで自由に野球したり遊んだりする人たちっていないじゃないですか。空き地はむしろ立ち入り禁止ってルールが共有されていて、そこで遊んだり、なんならコンサートまで開くドラえもんの時代はもはやノスタルジーというか。

つまりさっき言ったアーティスト論に戻るんですが、人が集いうる場所、つまり「公共」があったとして、そこから離れてプライベートを保つ「私」的な人間は多くなった一方で、その場のルールを変えちゃうような「個」としての凄みを持った人間が減った。無限の自由が内包されてる空き地でも。そこを誰かのテリトリーだっていう社会的ゾーニングの決まりごとのみでしか見れなくなった。震災後に「公の時代」が増したんだとしたら、震災前に出版された『原っぱと遊園地』の意味もいまはだいぶ変わりましたよね。「公の時代の原っぱと遊園地」はどんなものになるのかな?って興味があります。

「遊園地」そのものを「原っぱ」化していく

青木　そもそも「原っぱ」は、「道」とか「動線体」とかという言葉を封印するために持ち出した言葉だったんです。どうして封印しようとしたかというと、「道」の建築と言うと、どうしても細長くずるずるとつながっている空間をイメージしちゃうでしょ。でも、そういう空間をつくることが目的ではなくて、つくりたかったのは、何が起きるかわからない「空虚」の空間だったんです。だから、誤解を招きかねない「動線体」という言葉をやめて、何が起きるかわかっている「遊園地」ではなく、何が起きるかわからない「原っぱ」と言ってみた。だから問題は、「原っぱ」は何が起きるかわからない「空虚」たりえているのか、ですね。で、先回りして言っておけば、いま僕がイメージしているのは、「遊園地」のルールを逸脱し続ける運動体としての「原っぱ」、ということなんです。

どうしてかというと、たとえば卒業制作で何をしてもいいよと言われても、想定外のアイデアが出てくることがあまりなくなった。これは、個々人の想像力が枯渇してきたというよりは、これはしてはいけないという禁忌《きんき》が個々人に内面化されてきた、という事態のように思えています。そういう内面的自己規制の中では、「原っぱ」があっても、みんな同じようなことしか思いつかない。だったら、まずは「遊園地」から始めるか、と。

卯城　「空き地」だけを用意しても、そこで自由に遊べる人たちはいないもんなー、って話になり、やっぱキュレーションやルールの基礎を用意しようっていう「にんげんレストラン」に変異していったことと同じですね。

青木　「にんげんレストラン」は、「レストラン」である以上「公」ではあるけれど、その建物は私物なのだから、法に触れないかぎり、その中で何をやってもいいわけですよね。でも、自由になれない。物理的に「公」か「私」か、という問題じゃない。

松田　いま制限されている小さな範囲の自由を可視化しても、自由に対する挑戦など読み取れるようなものになるはずがない、ってのは思いましたね。それならいっそ、いまの時代の過激さとは何か？から逆算したほうがそれに近くなるというか。にんげんレストランはそういった実験でもあったように思う。
でも、「公」や「私」の場所について元も子もないことを言うと、「あれ？ どこだってつまりは地球でしょ？ 誰のものでもなくね!?」って僕は思ったりもするんだけど（笑）、いまはそんな当たり前の話もバカ認定されて知性によって速攻スルーだよね。

青木 その空間が私のものか公のものかということは重要な話ではなく、もし「パブリック」ということを考えるなら、まずは「みんな」とは誰だ、という問題のほうが大切だよね。２０１４年に、新潟県十日町市の中心市街地に「みんなの場所」をつくるという公共建築の設計の仕事を始めたんだけど（十日町市市民交流センター《分じろう》、十日町市市民活動センター《十じろう》）、「みんな」の希望を聞かせてもらおうと思っても、住民の１パーセントも集まらない。

卯城 そんなところに松田くんみたいなカスが絶対行くわけないですもんね（笑）。

松田 絶対行きたくないですね。それに、行って真面目にしゃべったってどうせ「変なおじさん」の意見でしょ？（笑） 岡本太郎や山下清が一般参加してもそう思われると思うよ。

青木　だから、話を聞けた人の意見をまとめても「みんな」の意見にはならない。なのに、ほんの一部の人の意見が「みんな」の意見としてまかり通る。十日町プロジェクトのちょっと前、広島県三次《みよし》市にホール（《三次市民ホール　きりり》）を設計したのですが、現場が始まって、夜、焼肉屋で飲んでいて、たまたま隣にいた兄ちゃんたちと盛り上がったのね。彼らはそろって「そんなホール、興味ない」んだけど、そのうちの一人が長距離トラック運転手で、さっき東京から帰ってきたところ、って言う。なんでもリズム＆ブルースのある時代のレコードを集めていて、今回東京で買ってきたのは1枚35万円もしたんだって。俺のコレクションすごいよ、その時代のものだけで何百枚もあるよ、って言うから家までついて行くと、本当にすごかった。こんな人がいるんだったら、視聴会を開けるオーディオルームをつくっておくんだった、そうすれば、もっと「みんな」に来てもらえたのになあ、と思ったけど、あとの祭り。

松田　なるほど。選挙の投票率を見ても、政治の話を嫌がる人が多いって状況も、どこを見ても政治参加しない個人が圧倒的多数ですもん。ましてや公共建築を自分のものとして考える人間なんてさらに少数だから、ワークショップにも行かないやつのほうが多い。「意識高い系」なんて揶揄《やゆ》する空気もそれに拍車をかけてるし。

青木　空間は政治的でしかありえない、って言ったのは、アンリ・ルフェーヴルだけど（『空間の生産』）、「みんな」なんてどこにもいないところで、「みんな」という名のもとに、空間による暴力を行使せざるをえないのが建築家。だから、そのことに意識的になって、それでもそこに関わる人たち自らが新たなプログラムを発生させうる空間として、どう余地や余白を残して設計できるのか、と僕なら考える。

卯城　昔からそれが建築のテーマなんですか？

青木　いや、建築家には基本的に、空間によって人々を服従させたいという欲望がある（笑）。ただ、さすがに、「お上」が出してくる指図は嫌だし、実際には顔もない「みんな」の、真綿で首を絞められるような指図も嫌だし、だとすれば、こっちにも行けるしあっちも行けるという「オープンエンド」状態に留めておきたい、整えたい、というふうになる。ここ最近の傾向だと思うけれど。「また明日も観てくれるかな？」も、各階真ん中の穴といちばん下の《ビルバーガー》というところまでで空間の暴力を終わらせ、残りの周囲のスペースを交換可能な「展示」として残しておくことで、「オープンエンド」性を獲得していたよね。これは意識的なことだったんですか？

卯城　あれは建てるっていう「はじめ」じゃなく、壊すっていう「終わり」の状態だったから、そのあとの不特定多数のユーザーを気にしないでオープンエンドが実現できたってのはありますね。あとから知ったんですけど、ビルに穴を開けること自体は解体の必然的なプロセスだったんですよ。解体時には上階からどんどん壊していったものを下に落とさなきゃいけないから必ず穴を開ける。作品はそのプロセスの余白に生まれたものなんでしょうね。

青木　面白いなあ。解体のルールどおりだけど、そのルールの意図を間違って使っちゃった。

卯城　逆に言うと、その展覧会の後半戦として、そこで壊された作品やビルの残骸を高円寺のウチらのスペースに持ち込み、ビルの内部を壊してそこに埋め立ててアスファルトで覆って《道》をつくったじゃないですか。門も壊して、建物内部につくったその「道」を公道につなげて、24時間誰でも入れるように解放した。あれは壊すっていう「終わり」ではなく、道をつくるっていう「Chim↑Pom通り」の始まりだったんですよね。近隣の人たちがそこで何をやってもいいっていうひとつの実験で、継続中だから結論は出てないんですが、それで面白いことが起きるかっていったら、ウチらの想像力を超越するような個がそこに何かを仕掛けに来ないんですよ。それどころか物件の家賃が上がっ

Chim↑Pom《Chim↑Pom 通り》2017年
「Sukurappu ando Birudo プロジェクト 道が拓ける」展（2017年）にて建築家・周防貴之と共同制作した作品。
Chim↑Pomが運営する高円寺キタコレビル敷地内を舗装し「Chim↑Pom通り」と名付けた。公共区間として現在もつねに一般開放している。
© Chim↑Pom　Courtesy of the artist, ANOMALY and MUJIN-TO Production

ちゃったからいまは1軒ショップがビルの中に入ったんですけど、「道」がショップの側道に見えてきて意味がよくわからなくなってきた（笑）。建物を壊すときには自由なオープンエンドがつくれるけど、建てるときには難しい（笑）。

青木　それで思い出したけれど、「遊園地」のルールを逸脱し続ける運動体としての「原っぱ」、ということを言おうとしていたんだった（笑）。「お上」からも「みんな」からも、つまり上からも下からも「指図」が迫ってきていて窒息しそうな状況では、それらの「指図」が内面化してしまうか、暴発的にそれに反発するかのどちらかになると思うんですね。このことを先ほど「ブラックホール」にたとえました。つまり、その「指図」に向かって、止まるところなく吸い込まれていってしまう「穴」がここにあるのではないか、と。では、吸い込まれる引力に抗う方向に爆進したらどうなるか。無事に重力圏から脱出できたら、そのまま無限の彼方まで行ってしまいますね。脱出できなければ引力に引き戻されて、地表に衝突して一巻の終わり。どちらも一時的な反抗に終わる。で、それがダダではないかな、というのが、僕の見立てなんです。

そこで、第三の道を考えてみる。「指図」の力を利用して、横に回ったらどうなるか、って。落下する力を落下に直結させるのではなく遠心力として使うと衛星になって、落ちることなく、また飛び去ることなく、ずっと回っていられるのではないか、と。めちゃくちゃな比喩ですが、これが「指図」の誤用ということで、大きく出れば「遊園地」のルールからの逸脱運動としての「原っぱ」というアイデア。いずれにせよ、この誤用の「正しい」運用が大切で、そのためには「管理人」が必要になる。

卯城　そうなんですよね。「道」をつくって育てると言ってはみたものの、育てるのがめっちゃ難しい（笑）。設定としてはオープンなままなんだけど、そのラディカルさに見合うハプニングが起ないと、ルールもできえない。

松田　管理人ってキュレーターの話につながりますよね。理想的なのは、管理人＝キュレーターがいても一方向に流されることなく、多少変なことが起きても動じないで、いろんなことをやらせてくれる許容度を保つこと。管理人にはセンスとやる気が必要だね。

青木　管理人＝キュレーターは、空間のあり方の概念にまで拡張して考えられるかもしれない。空間を多方面に開いた分岐点のまま、しかしある一定の方向性を持ったものとして留めることができるか、という問題。で僕は、「解像度のレイヤー」というのがヒントになるんじゃないかなと思っている。

いままでの優れた作品って、どの側面から見ても破綻なく、時計細工のようにカッチり嵌《は》まっているもののことを言ってきましたよね。一分の隙もなく素晴らしい、って。でも、それだと息苦しくて自由がなくて「遊園地」。だから、それを「道」に変えて、しかも育てるためには、破綻を起こさなくちゃいけない。けれど、僕は完璧なものを甘くするというやり方は好きじゃない。古い教育を受けた性《さが》か、辻褄がちゃんと合っているものじゃないと嫌なんですね。となると、破綻があるのに辻褄が合っている、というややこしいことを目指すことになる。で、ふと思ったのは、いい町って、破綻があるのに筋が通ってるじゃん、ということ。たとえばニューヨークって、遠くから見たら単純なグリッドでできている。でも実際に町を歩くと、どの道にもその道特有の個性がある。さらに一つひとつの建物を見てみると、じつはどの建物も共通して縦横の線だらけ、つまりグリッドでできている。つまり、見る解像度を変えると、グリッドが現れたり、消えたりする。ニューヨークにはグリッドという一貫した筋がある。しかし、遠目に見たり、近くから見たり、異なる解像度で見ると、見えはバラバラです。この破綻があるから、町は退屈にならない。

卯城　つまり、そのスポットだけを考えてレイアウトしてもしょうがない。

青木　そう、破綻がないかぎり、どんな組み合わせをやってもダメ。東京の荻窪に地域の体育施設を設計したとき、僕はそんなことを考えていました。２０１４年にできた《杉並区大宮前体育館》という建築です。住宅地の中に体育施設をつくると、ぜんぜんスケールが違うから異物になっちゃうでしょ。散歩していてそこに来ると、巨大な建物が立ちはだかる、っていうことになる。そんな建物をつくるということ自体、物理的にはもう破綻している。でも、その建物のつくりを、人が歩くときの解像度において、まわりの住宅の質感に合わせると、違和感なく平気に敷地を通り過ぎたり、建物に入っていけたりするようになる。しかし内に入ると、スポーツ施設特有の巨大スケールがローマの遺跡みたいに現れて仰天する。さらに壁とか天井とか細かいところを見ると、また住宅と近い肌理《きめ》でできていて安心する。基本的にはいたって普通。しかし、ある解像度の視点では異常。そうすると、犬の散歩をしている人がいて、そのすぐ下に泳いでいる人がいる、という情景が普通になる。いまは通りを見ながらお茶しているけど、向こうの人のように明日はジムしてみようかな、という気分になる。

松田　異質なものとそうでないものとを組み合わせることで、そのどちらでもない違った面白い体験を引き出すってことですよね。まるで、いつの間にか騙されている超一流の詐欺師のような。すみません（笑）。

青木淳《杉並区大宮前体育館》2014年
自由に通過できる公園のようにするため、死角の生まれにくい楕円形平面のアリーナ棟とスイミングプール棟とに二分。地上部を高さ5メートルに抑えて周囲の住宅地になじませ、内部をともに地下に埋め込み、アリーナ床は地下6.64メートルと内外のスケールのコントラストをつけた。各屋上は武蔵野の自然が残る「原っぱ」に。
撮影：阿野太一　© Daici Ano

合意形成のプロセスそのものに介入していく

卯城　あ、でも松田くんの言うそれって「公の時代」をすり抜けていくひとつの戦略でもあるよね。一見普通だけどじつはヤバい。そのヤバさは隠れてるから、バレずに検閲にもあわない、っていう。いまのヤクザの方々とかもそうなんだろうけど（笑）。タイにアピチャッポン・ウィーラセタクンっていう、カンヌ映画祭のパルム・ドールをとった映画監督で現代アーティストがいるんですが、彼の映像は詩的で抽象的なんですよ。けどそこに、じつはいろんなタイの問題が隠されている。タイは王族関係で警察による検閲がすさまじいから、その抽象度がひとつの抜け道にもなる。アート界だと検閲に対してそうやってすり抜けたり、逆にガチンコで闘ったりといろんな戦略があるんですが、建築は検閲も規制ももともと折り込み済みですよね。

青木　求められていることに応えなくちゃならないから（笑）。

卯城　権力云々じゃなく、クライアントや近隣の地域とかも含めて。そういう空気としての公の問題は建築にとってはデフォルトですもんね。

青木　なぜそのデザインなのか、みんなが簡単にわからないとダメだと怒られるもんね。

松田　つまり逆説的には、まさにいまこそ超絶デカいピラミッドみたいな建設事業の可能性がある「公の時代」とも言えないかな（笑）。でも、新国立競技場のザハ案が頓挫したことなんかを考えると、やっぱそれとも違うのかな。

卯城　あれこそ公の時代のピラミッドみたいな威容で「レガシー」になりそうな感じでしたよね。

青木　じつは、ザハ案がすごく良いと言う人も、すごく悪いと言う人も少なかった。むしろ「みんな」は無関心だったんだから、「公の時代」のレガシー、というわけにはいかないと思うよ。

卯城　青木さんから見て、あのザハ案ってどう思いましたか？

青木　最終的な案は妥協の産物だけど、当初のコンペ案は良かったと思います。祝祭空間が東京に必要かどうかは別として、オリンピック誘致のためのイベントとして行なわれたコンペだったことに、もっとも正面から応えていた案だった。「キール」と呼ぶんですが、巨大なゆるいアーチがかかっていて、これがなんと中央・総武線を越えて向こう側から始まっていた。つまり、敷地からはみ出ているんですが、そのアーチを歩行者のための新しい遊歩道にする、というんですね。都市の中の建築をつくる、というのではなく、建築によって都市を変える、というもう誇大妄想レベルの提案。

もちろん、これだと法を超えちゃうのですが、そもそもこのプロジェクト自体が、現行法規を書き換えるためのものであったわけ。コンペの要項で示された最大高さ70メートルが、当時の高さ15メートルという制限からすればすでに違反だったし。このプロジェクトの本質は、お祭り騒ぎに乗じて、神宮外苑一帯を高層建築可能な地区に開発できるよう、法規制を改変するための突破口にすることだった。つまり、そもそもこのプロジェクトはひとつの建築である以上に、神宮外苑一帯を今後どうしていくかという問題だったわけで、そんな重大なことが「パブリック」な関心として浮上してこなかった。

松田　出た、トライブ！（笑）。つまりザハ案は、建築トライブ側がその専門性を発揮した、その後の町のあり方を示す案。それがそのほかのトライブにとっても「パブリック」な関心事になるべきだったところを、政治家を主とした行政トライブと税金使いすぎちゃうんかトライブによる「公金問題」のほうが多くのトライブにとって「パブリック」な話題として注目を集めてしまった、と。それに、国民全体で、専門家に任せろっていう空気も以前より弱まってる気がしますね。これはなにも建築やアートに限ったことではなく、病院で会う目の前の医者を信じられない、といった具合に。もちろんセカンドオピニオン的な目線は必要ですし、専門家を信じすぎるってのも問題ですが、一方でネットで摑んだガセネタに踊らされる人も多くなってる。

青木　自分を含め、建築トライブに「パブリック」をつくり出そうという力が足りなかったと思います。

卯城　専門家に任せられないんだったら住民投票にすりゃあいいじゃんって話なんだけど、中途半端なのは、住民投票もしない。かといって専門家の意見も知らないから、投票になっても一般には何を基準にジャッジすればいいかのリテラシーもないってことで。

青木　正確な情報とそれがどう判断されうるのかを、他のトライブにわかる言葉で伝えるのではなく、賛同者を増やすための言説が多かった。

松田　わかりやすいお客様満足度向上ばっかりを狙うセカンダリー会社みたいな感じで

すかね（笑）。そうなると、新しいものやオリジナルなものは街から消えちゃって、リバイバルばかりがくり返されるようになっちゃう。やっぱりプライマリーな情報を解読できる専門の強みみたいなものが、もっと発揮されてもいいはずだよね。

卯城　なにかそのへんが、アーティストの「個のエクストリームの振り幅」としての存在感が弱まってるっていうのとパラレルなんだよね。キュレーターにはやっぱり、そういうわけわかんないものを一般との架け橋になって専門家として翻訳する役割があったじゃないですか。わけわかんないといえばザハ案もそうだけど、以前はアーティストなんて一般に理解されなくて当然っていう認識がまああったじゃん。だからこそキュレーターがあいだに立って、一般に向けて翻訳するっていう。でもそれがいまだと方向が逆向きになっていて、一般の「みんな」の価値観をアーティストに向けて翻訳するのが現状のキュレーターのお役目になってしまっている。

松田　「一般の客が不快に思うから」とかいった言葉でキュレーターがアーティストを説得して、リスクが見られる作品をあらかじめ黒塗りさせたり発表を自粛させたりすることも目についてきた。前にも言ったけど、たとえリスクがあるような作品でも、国内作家の作品が難しいなら、せめて海外で普通に展示できてるような作品は、国内の美術館でもっと紹介してほしい。それがないのは本来不自然で、文化統制だって言ったら言いすぎなのかな（笑）。

紹介ってところで言うと、いまや世界的に大人気の草間彌生《くさまやよい》の水玉は、もとは男性恐怖症から来る男根のイメージだったとも言われている。つまりファリック・アート的な側面を持っているんだけれど、こういうようなことが国内で周知されたり、議論の的になったり、翻訳されたりしているとも言いがたいよね。

卯城　これまでは、わけわかんない謎なものをアーティストが作品化して、それを一般の人たちに見てもらうときにキュレーターの翻訳力が必要だったんだけど、あれ、いまは矢印が逆にこっちに向かってる！みたいな（笑）。つまりウチらアーティストが一般の人たちのことわかんないみたいに誤解されちゃってて、それをキュレーターが諭《さと》すみたいな構図。いやいや、わかってるから（笑）。

松田　知ってるわ！（笑）　知っててやってるわ！

10

アーティストたちよ、表層を揺さぶれ

「正しさ」をめぐる民主主義暴力団の仁義なき戦い

卯城　いよいよ最終回だね。ポリコレだ検閲だキュレーションだと、「個」と「公」のギクシャクした関係についてずーっと話してきたけど、この間にもいろいろあったね。会田誠さんの授業で京都造形芸術大学が訴えられたり（★26）、DOMMUNEの電気グルーヴ特集がワイドショーにディスられたり、「あいちトリエンナーレ２０１９」の「表現の不自由展・その後」が中止になったり。「エクストリームな個」をめぐる軋轢が、大学やテレビや芸術祭っていう「公」を舞台にアクシデントとなって続出した。

★26　京都造形芸術大学の２０１８年の公開市民講座「人はなぜヌードを描くのか、見たいのか。」の講師を担当したアーティスト・会田誠らの講義で投影された作品や講義内での発言がセクハラにあたり精神的苦痛を受けたとして、受講者の女性が慰謝料を求めて大学側を提訴した。

松田　前にも触れたけど、電気グルーヴの件でいえば、石野卓球が何者にも左右されない生き方を貫いててウケた（笑）。同時に、そんな卓球に「正しさ」を押しつけようとする社会の病理のようなものもあらためて感じたけど。卓球のように国際的にも活躍の場があって、海外のフォロワーも多くて、日本の芸能界っていうひとつの局所的な「公」に縛られる必要のない「エクストリームな個」は、アーティスト像として理想とも言えるね。

卯城　アイ・ウェイウェイにも同じことが言えるかも。中国当局から弾圧を受けても全世界のアートシーンに影響力があったから、「フリー・アイウェイウェイ」ってキャンペーンが世界中で行なわれたでしょ。テート・モダンは美術館のファサードみたく「リリース・アイウェイウェイ」って大きなサインを掲げ、グッゲンハイム美術館はアイ・ウェイウェイ解放のために14万筆以上もの署名を集めた。サンディエゴ現代美術館では待ち時間のサイレント・プロテストが開催され、オーストリアのブレゲンツ美術館でも「フリー・アイウェイウェイ」サインがファサードになった。おかげで、国内に監禁されてるあいだもアイは展覧会を通じて中国以外の場所に活躍の場を持てた。つまり、一カ所から強烈な弾圧を受けたとしても、小林多喜二みたく「殉職」せずに圧力をかわせるのは、彼らのように複数の公というかステージで生きることができているアーティストなんだろうなと思う。

松田　もう何度も触れていることだけど、いまの時代の圧力は「公」の運営側発の上からの検閲だけじゃなく、市民発の下からの監視も強いからね。京都造形大の騒動以前の会田さんでいったら、東京都現代美術館に展示された会田家の「檄文《げきぶん》」の撤去要請問題（2015年）はモロに上からって感じだったけど、森美術館での個展の《犬》に対するクレームの場合（2012~2013年）は、アクティビスト、つまりボトムからの声だったでしょ。上下から会田さんに圧力がきてる。マジで「天才でごめんなさい」状態だね（笑）。

卯城　「下から」の圧力の最たる例が、「表現の不自由展・その後」へのテロ予告や脅しをはじめとした電話攻撃だったね。あれは保守的な価値観を大事にしている市民やプロ市民からのレスポンスだったけど、左翼的なボトムアップの圧力も、いまや枚挙にいとまがない。ニューヨーク・メトロポリタン美術館でのバルテュス《夢見るテレーズ》の撤去要請問題は「#MeToo」ムーブメントの中で署名1万2000筆を集めてアート界の大問題になったし、グッゲンハイム美術館の「Art and China after 1989」展では、犬や昆虫を使った作品の展示が動物愛護団体からの猛烈な抗議を受けて取り止めになった。アメリカ市民のポリコレは公のポリシーにまで影響を与えてるよ。

松田　過去に芸術だと称賛されていた作品が後世に封印される事態は今後も増えるだろうね。今後は、女性蔑視描写のある時代小説『三国志演義』もアウト。少女ヌード写真の収集や撮影を趣味にしていたルイス・キャロルもアウト。ゴヤの《我が子を食らうサトゥルヌス》も幼児虐待を想起させるからアウト。娘が父親に母乳を飲ませるルーベンスの《ローマの慈愛》も、キモいからアウト（笑）。

卯城　キモいからって（笑）。

松田　けどまあ、社会でポリコレが盛んになるのはわかる。差別をなくそうって態度には当然共感するし。医学部・医学科入試の女性受験者の足切り問題（★27）や、杉田水脈《みお》の同性カップルについての「生産性」発言（★28）への反発は、どう考えても必要。でも同時に、『新潮45』の廃刊とか、ヤノベケンジさんの《サン・チャイルド》の撤去（★29）とか、反発がソッコーの撤退を招き、出版や表現の自由は形骸化してる。もちろん杉田を擁護した『新潮45』の小川榮太郎の寄稿文は同性カップルと痴漢を同列に語るような、吐き気がするほどレイシストな代物だし、ヤノベさんの作品はアートとして成立するものだとは思うけど、センシティブな放射能の問題を扱いながら現地住民への説明が足りなかったと言えばそれまで。でもね、社会に正しさを求めることと表現に正しさを求めることが、やっぱりごっちゃになってるのは問題な気がするよ。

★27　東京医科大学が2018年2月に実施した医学部医学科一般入試で、女性受験者を一律減点し合格者数を抑制していたことが判明。女性医師の結婚・出産離職による医師不足を防ぐため、2006年ごろから点数操作をしていたという。その後、順天堂大学や昭和大学らの医学部入試でも性別や年齢を理由にした合否の操作があったことがわかった。元受験生の女性らが大学を提訴。

★28　月刊誌『新潮45』2018年8月号にて自民党の杉田水脈・衆院議員が同性カップルを念頭に「生産性がない」とし税金投入の是非を問う旨の論文を寄稿し、国内外より批判が殺到。その後、杉田を擁護する小川榮太郎ら7名の寄稿を掲載した『新潮45』10月号に再び批判が相次ぎ、当誌は事実上廃刊になった。

★29　2018年8月、福島市の子育て支援施設「こむこむ館」前に設置されたヤノベケンジの立体作品《サン・チャイルド》（ガイガーカウンターを思わせるカウンターが付いた黄色い防護服をまとった子供の像）が、原発事故の風評被害を助長するといった市民からの批判を受けて、設置後1カ月あまりで撤去された。

卯城　だよね。でも、エリイがこないだトークイベントで、「表現しづらくはなってるけど、そういうムーブメントは嫌いじゃない。なぜならそれによって私の考えも更新できるから」って言っててハッとした。たしかにな、って思ったよ。それに、「個」がそれぞれみんな声を持った先に「公」があるっていう、闇市やアンデパンダン型の「公」についてウチらは散々話してきたけど、ある意味、ポリコレってその構造の一部じゃね？ていうか、そういう「雑多な個からなる公」って意味に限って言うと、僕にとってはネトウヨもヤクザも滅私奉公人だって社会の一部（笑）。

松田　やさしい（笑）。でも、一部ならまだしも、社会全体に正しさが満ち満ちて、全員が出家してありがたいお説教をかまし合うような世界は嫌だな〜。そもそも僕は「正しさ」を論じるに値しない育ちのカスだから、肩身が狭いよ。近所のアル中歯抜けがシリコンオッパイの見分け方を教えてくれるくらいが僕にはちょうどいい。僕も歯抜けだし（笑）。

卯城　正しさとか悪とかってより、育ちが悪すぎるわ（笑）。まあでも、ウチらアーティストは「個」のレペゼンとして、「正しさ」を前にしてそうやって一般的な答えを出さなくてもいいじゃん。「アーティストだって社会の一員でしょ」という意見が飛んできそうだけど、アウトサイダー・アーティストやダダカンとかまで含めた多様なアーティスト観でいったらそうでしょ。けど、ポリコレは「個」ではなく「みんな」を代弁するからね。お互い論点がズレがちなのも仕方なく思える。

松田　問題なのは、行政も住民も右翼も左翼も、「みんな」がそれぞれの「正論」を持ち寄って、「公共」に必要ないと思うものを即排除しようとすることだと思う。歩み寄りも議論もなく、ね。それぞれの立場でしか論じない。それって思想の違いはあっても、第7章で話した戦前の田代二見に近くなってない？

卯城　ネトウヨもね。議論できるうちはいいけど、原理主義にはまり込むと他者との折り合いをつけづらくなる。相手が「敵」として仮定されちゃうというか。

松田　その「みんなにとっての敵」意識を他者に対して持ちだすと、自らの正義感から敵に私刑を行なう意識だって超持てるでしょ。いまは法律上私刑は禁止されてるけど、ネットを使えば昔でいう「市中引き回しの刑」のようなのもヨユーでできるし、死んだあとも「さらし首」に近いことができる。あいちトリエンナーレのケースのように、直接にテロ予告や脅迫を行なう人間も出てきている。

卯城　「パブリック・エネミー（公共の敵）」という「個」のカリスマが、権力に対峙することで民衆の喝采を浴びる……そんな、「個vs公」の二項対立の時代は過去のもので、あるとしたらそれはマスコミの捏造ってことね。いまは立場とエネミーが乱立し、まずは批判が先に立つから共存をゆっくり探る余裕がない。その明確なポジションに基づく連帯意識って、第4章で話したクラスタ問題にも近い。そう考えると、こんだけ個人のクレームが美術館や国際展っていう「公」には影響を持てるようになったのに、公権力は一部の人たちだけが望むようなかたちでどんどん「個化」してるのが皮肉だね。杉田水脈の発言に関連して雑誌はソッコー潰れたけど、杉田は議員を辞めないし、彼女が所属する自民党や政権は潰れにくい。

松田　ボトム同士が揉めてるだけだもの。そりゃ公権力はガンガン個化するよ。いち議員が暴言でマイノリティをいくら傷つけても、党内の評価が高けりゃ比例当選するし。

卯城　てかさ、政治に民主主義がなさすぎな状況なのに、社会には民主主義がありすぎでしょ。公権力は放置したまま社会の一部が過激化して炎上し合ってるなんて。そんな「民主主義暴力団の仁義なき戦い」みたいなボトムでの抗争（笑）。まあ、その結果、社会の意識も変わって、ＬＧＢＴ法案みたく政治案件化する例もあるから、必要な抗争なのかもだけど。

でも、右組と左組、アート組やフェミニスト組やＬＧＢＴＱ＋組、動物愛護組、表現の自由組やオタク組……って、本当は権力に対峙すべきマイノリティ同士が、いまは原理主義化してお互いの「自由の敵」になり合ってるってのは、ムズい状況だなーと思う。その昔、寺山修司が「自由の敵に自由を許すな」って路上に書いたでしょ。当時は反権力のスローガンにも見えてたけど、いまとなればそんなのマジでお気楽じゃない？　だって、いまガチでそう言うなら、発言する市民全員に自由を許すなってことになっちゃうじゃん。

松田　そんななか、どの組にも属せない僕らみたいな居場所のないカスは、メインストリームからも消えてって、どうすりゃいいの（笑）。

卯城　カスは結局ポリコレからも公権力からも必要とされないから、排除だね！（笑）全組の親分から門前払いだよ。それこそ第2章で話した、公園から消されそうな松田やおかやん（岡田将孝）案件（笑）。

松田　票にならない取るに足らない存在だから公権力も無視していいし（笑）。でも「把握不可能なカス」を排除しようとしたり、露悪的に見える作品を短絡的に悪と判断したりって、社会の幼児化もほどほどにって思わない？　青木さんとの話でも出たけど、ガチのヤクザや悪人は、なんなら普通の姿をして社会に紛れてたりするでしょ（笑）。とくに即効性だけで測れないアートは、瞬間的に一喜一憂するだけじゃなくて、長く議論するものであってほしいけどな。

自由と民主主義は両立しない？

卯城　こないだ後輩アーティストの涌井（智仁）に聞いたんだけど、興味深いムーブメントがあるんだよ。「インテレクチュアル・ダークウェブ」（ＩＤＷ）って言うんだけど。科学者って、科学的根拠に基づいた話をしたいでしょ。けど、いまはそれを無邪気にはできない状況じゃん。たとえば科学的な裏付けがあっても、性別や人種別の身体の差異からなんらかの優劣を語るなんて、炎上要素が満載じゃん。そんな状況にうんざりな科学者たちがアカデミーから抜け出して、ウェブをベースに知的ネットワークを組織化したのよ。

「ダークウェブ」って、グーグルとかで検索できる範囲の誰もがアクセス可能な「表層ウェブ」の下の、検索エンジンに引っかからない「ディープウェブ」からもさらに潜った、特殊な手段でのみリーチ可能なウェブの領域。ＩＤＷ自体はダークウェブ上ではなく表層ウェブ上に存在してるんだけど、「ダークウェブ」を名乗ることで、いまの一般社会、つまりネットの領域構造にたとえて言うところの「表層」の息苦しさをディスり、ダークウェブのように表層（一般社会）とは違う「新たな領域と自由」を必要としている自らを「ダーク」とアイデンティファイしてるのよ。この動向は２０１８年にニューヨークタイムズ紙上で紹介されたんだけど、それをレポートしてるブロガー・文筆家の木澤佐登志さんによるキャッチフレーズも興味深い。『『右』でも『左』でもない、『ダーク』な思想の台頭」っていう。

ＩＤＷは実際には、この世界の表層に渦巻くポリコレへのアンチであって、「ダーク」

思想の成り立ちからしても、オルタナ右翼やヘイトとの親和性が高くて再炎上してんだけど（笑）。でも、なんでその話をするかっていうと、なんかこれって、アーティストのあいだにこそ出てきそうな動きじゃない？

松田　不自由になってきた美術館などアートのメインストリームに対するオルタナティブとしてってこと？　変化するモラルや空気に流されることなく、表現や科学を研究したいって気持ちは超わかるよ。オルタナティブといえば、僕が影響を受けたポール・マッカーシーやマイク・ケリーら西海岸のアーティストからも、そんな意識が感じられる。彼らは東海岸のニューヨークなんかのアートの「良い趣味」に対して「キッチュ（悪趣味）」だと称されたわけだし。

卯城　パンピー・滅私奉公人化して相互監視的に「公共化」した表層ウェブは、もうマニアのための自由な空間じゃないじゃん。「ダークウェブ」は自由を求めてそこから「出ていく」思想でもあるんだけど、それ以前に、そもそもインターネットの思想自体、松田くんが言うカリフォルニアのオルタナやヒッピーカルチャーがルーツでしょ。

松田　そうそう、自由を求めて国家と闘うのではなく、メインストリームから「出ていく」思想。「われわれがつくりつつある世界では、誰もがどこでも自分の信じていることを表現してもよい。それがいかに風変わりな考えであろうと、沈黙や同調へと強制される恐れはない」と、インターネットの自由を宣言した「サイバースペース独立宣言」（1996年）の起草者ジョン・ペリー・バーロウは、西海岸のバンド、グレイトフル・デッドの作詞家だよ。青木さんともそんな話になったけど、「出ていく」ってことでいうと、昔のアートはメインストリームとしての官展や美術館から離れ、より自由な表現を求めて路上に出たでしょ。ハイレッド・センターもマヴォもフルクサスも。

卯城　うん。路上演劇なんかも。だけど、いまも路上が自由を求めて「出ていく」先かっていったら疑問だな。もちろんSEALDs（シールズ）みたいにアクティビストが路上をステージにするのは真っ当な権利。だけど事態はもっと複雑になってきたなーって思った路上にまつわるエピソードがあって。

戦時中はアクティビストですらデモとかで外に出るんじゃなくて、秘密裏にクローズドな場所に集まって活動してたでしょ。だけどそこから数年後の戦後すぐの広島では、被爆者の活動家たちがＧＨＱの目をかいくぐって、建物の屋上からビラをバーッと撒いて逃げたりできてたのよ。もちろんＧＨＱの監視下だから「公の時代」とも言えるんだけど、そんな行動を受け取る側の市民の空気が、戦時中と戦後すぐとでは180度真反対だったわけ。だから検閲が厳しくても、彼らは路上で一般に向けて派手にゲリラ活動ができた。

Chim↑Pomが『芸術実行犯』といった著書や「ひっくりかえる」展といった展示（ともに2012年）でキュレーションしたのは、そういうオープンな公の場をボムってユーモラスにインパクトをつくれるアクティビストやストリート・アーティストだったでしょ？でね、その戦中と戦後との違いでもわかるんだけど、公共圏での自由の許容度や空気感って、どちらかというと権力よりもむしろ市民がつくる割合のほうが大きいと思うわけよ。同じ検閲がはびこる「公の時代」でも。で、いまはどうかと言うと、市民の許容度は著しく小さい。みんな異物を笑えなくなっているどころか、邪魔だとしか思ってないというか。

松田　公園から追い出されるカスの話も、引きこもりバッシングの話もそうか。ほかには、街が静かになった代わりに騒音に弱くなった住民が子供の声にイラついたりするのもそうか。「隣人を愛せ」なんてのは難しくなってきてるのかもしれないな。キリスト再降臨しないかな（笑）。

卯城　（笑）。だからか、1年前くらいに、ストリート・アートと現代美術を横断するアートコレクティブ「SIDE CORE」のトーリ（松下徹）が、「一般に見せられない作品について話し合うトークをクローズドにやりませんか？」って提案してくれたのよ。そのとき、ああ、ストリート・アートの世界においては、いまは「ひっくりかえる」展をやったときみたいなオープンな時代じゃないんだな、って痛感したんだよね。さらに言うと、クローズドってイメージから戦時下のアクティビストたちを思い出して、いま再び「公の時代」が始まってることへのガチなリアリティが湧いた。つまり「道」の話に戻すと、第2章のマジョリティ論そのものだけど、いろんな人がいる前提だった公共の場の自由の概念は、日本にもうないでしょって話。

もうひとつ言うと、そんな状況とは裏腹にいま、バンクシーがお茶の間で超絶消費されてるじゃん。それ自体はすごいことなんだけど、見方を変えると、ワイドショーや一般人たちの理解の範囲で消費されて、とりあえず一時的にはオワコン化しちゃったのよ。つまり、無邪気にああいうことをやってももう批評性はない、って敏感な人は思うでしょ。とにかく、なんにせよ、居場所を求めたり、つまんないところから出ていったりした先で、そんなめんどくさいものにいろいろタッチしなきゃいけなくなるくらいなら、みんな公共空間に出ていくよりもクラスタに潜る。

松田　そういう意味で、クラスタ化は起きるべくして起きてるもんね。しかし長期で考えるとクラスタ化はセクト化する傾向にある。

卯城　ヒッピー文化もそれで一般に影響を持ちきれず、廃れたわけだし。

松田　路上でも公園でも（笑）クラスタでもないなら、じゃあ、自由を求める「個」は、いまどこに「出ていく」べきなのか。

卯城　クラスタや「公共」でもない、新しいネットワークなんじゃない？　昔の音楽でいうと、メジャーへのカウンターでたくさんインディーズレーベルができたでしょ。これはたぶんクラスタ。で、それらバラバラなレーベルやイベントが個として無造作に生まれた結果、アンダーグラウンドっていう「シーン」ができた。それが影響力を持った結果、メインストリームのメジャーも変わらざるをえなくなった、みたいな？　ＩＤＷもそんなイメージなのかもね。

松田　そうなると、むしろ「公共なんてもう二軍、ダークこそ一軍」ってセンスも生まれそうだね（笑）。それこそ初期のユーチューバーやニコ生とかのネット配信者はそんな感じだったのかもね。いまはそんな彼らも公共に影響力を持ったせいか、「正しさ」の波にのまれていく最中だと思うけど。

卯城　そうそう。あいちトリエンナーレでの「表現の不自由展・その後」の中止は、マジで公共の場が三軍どころかそれ以下になったことを一瞬示しちゃった出来事じゃん。なんにしても、ＩＤＷはそういう「もうひとつの世界」をつくる意識だよ。まさに横井の「理想郷建設事業」と同じ感覚。そもそもＩＤＷを知ったきっかけは、ポスト・インターネットを牽引したニューヨークのアートコレクティブ「ＤＩＳ」のトークを涌井と聞いたときなんだけど、ＤＩＳの映像コンテンツのひとつに、PayPalの創業者ピーター・ティールらテック業界人たちが立ち上げた「Seasteading（シーステディング）」（★30）があったんだよね。それをＩＤＷと関連づけて涌井が教えてくれて。これ、既存の国のシステムから独立した海上都市、まさに「別世界」づくりの構想で、都市計画のLinux版だとか、都市型バーニングマンだとか言われてる。

★30　海上都市研究をしているアメリカの非営利組織The Seasteading Instituteが掲げる、国家が主権を持たない公海に住居を設ける構想。最終的には独立した海上自治都市の建設を目指し、海面上昇や人口過密といった問題解決を図る。２０１７年には仏領ポリネシア政府と浮島開発に関する法案作成で合意。

左も右も含んでいまアメリカに台頭しつつあるリバタリアン（自由至上主義者）たちの実

シーステディング
2015年5月に開催されたSeasteadingの3D都市デザインコンテストで入賞した「Artisanopolis（職人の都市）」。3人の建築家による作品で、太陽光発電と波力タービンによって都市にエネルギーを供給する構造。

践なんだけど、ピーター・ティールはその右派らしく、「自由と民主主義は両立しない」って名言を残してるんだよね。まさにポリコレとのギャップの話。

松田　ピーター・ティールっていったら、その思想的根幹に「暗黒啓蒙」（ニック・ランド&カーティス・ヤーヴィン）があるって言われてるでしょ。「暗黒啓蒙」を垣間見ると超絶エクストリームでオモローなんだけど、そのリバタリアン的な視点から、民主主義も平等主義も近代的な価値観は全否定。君主制への回帰を望み、オルタナ右翼の源流にもなってて、超排他的なんだよね。これは非道い（笑）。けどさ、ダークそのものの魅力は理解できる。だって、「暗黒」でしょ。

卯城　暗黒か。いいね（笑）。

松田　いまgoo国語辞典で「暗黒」の定義を検索してみたんだけど……「光が当たらない」とか「悪事がはびこる」とか、そんな意味のほかに、「未知であること。たしかに存在するが、その正体が直接明らかになっていないこと」ってある！　そういえば、そういう意味で「暗黒大陸」とか「ダークマター」とか言ったりするしね。つまり「ダーク」は、光の当たる世界に対するネガティブ寄りなオルタナティブっていうだけじゃなく、未知を含めたこの世界すべてを測るポジティブな概念なのかも。ダーク、可能性の塊じゃね!?

ダークアンデパンダンってよくね？

卯城　ここで、有象無象が集まって「公」になるっていう「アンデパンダン型の公」がいまも可能か?って問題意識から、アンデパンダン展の現在の姿をテコにして、ティールの「自由と民主主義は両立しうるか?」って問いをもう一度考えてみたい。というのも、アンデパンダン展ってまさに民主主義がテーマじゃん。参加は無審査で、作品のだいたいが前日持ち寄りの展示でしょ。キュレーションもないから平等に展示される。
　なのに、この前開催されていた「東京インディペンデント」展（東京藝術大学、2019年4~5月）なんかで実際に展示を見ると、「個のエクストリーム」が並んでいたとされる読売アンデパンダン展みたいにはならずに、どの作品が誰のだかわからないような、それこそ代替可能な群れを可視化するような展示になってるのよ。硫酸使っちゃう（赤瀬川原平《ヴァギナのシーツ》）みたいなヤバい出品作はありえない。主催者の気持ちは立派で、みんな違ってみんな良し、ってモットーは達成されてても、それぞれの「個」は、「花屋の店先に並んだ」花みたく、アンデパンダン展って枠組みに回収されちゃう。やっぱりこれも「つまらない民主主義」を見せられてるような感じで、そこに本質的な自由の実験なんて見当たらないわけよ。

松田　一般に開かれてるからね。作家も炎上を避けざるをえないから、「表現の自由」のレベルはギャラリーや美術館の展示とそんなに変わらない。

卯城　つまりこれって、あらためて、アンデパンダン展のアイデアがつくられた19世紀末の民主主義を含めた近代社会の価値観が、内容はともかくスローガンとしてはもはや効力を持たなくなってきてることの証なんじゃないかな。

松田　そうかもしれない。黒耀会も理想展も読売アンデパンダン展も、大衆が自由や民主主義に夢を見たり憧れたりしている最中だったからね。アーティストが作品を通じて自由を可視化することに意義があったし、いままで自分たちを抑圧してきた「公」に対してどこまでエクストリームな「個」を発揮できるか、それに挑戦することにみんな盛り上がれた。だけど、いまは自由や民主主義が権利として当たり前の時代になって、もはや大衆もアーティストも自由や民主主義自体を可視化することに意義も魅力も感じなくなっているのかも。普通のことだから。けれど一方で、観客の「不愉快だ」と主張する意識はエスカレートしてて。相手が権力者だろうが専門家だろうがアーティストだろうが、傷ついた「彼ら」は容赦がない。もちろん全員が全員そうではないと思うけど、こういったことはツイッターなんかでも可視化されている。

卯城　でもじゃあ、民主主義全否定がウチらの代替案かというと、そんなわけなくない？暗黒啓蒙の洗礼を受けた反動主義者みたいに、トランプを世界のＣＥＯにすべきだなんて１ミリも思えないもん（笑）。

でさ、ふと思ったんだけど、「ダーク」と「アンデパンダン」の２つを組み合わせたらどうなるかな？　なんだろ、つまり、「ダーク」的に考える、表層から抜け出した先の「自由」と、アンデパンダン展的な、アーティストに１００パーセント開いた「民主主義」っていう、いまは両立しにくくなったコンセプトを令和時代的にかけ合わせた、「ダークアンデパンダン展」（笑）。

松田　ウケる（笑）。つまり、「アンデパンダン」としてはアーティストの出品は無審査でオープンだけど……「ダーク」的に、誰もが辿り着けるわけじゃない別の世界をつくる感じで本来的な自由を担保するってことだから……逆に観客が審査されたりするってこと？　別世界をつくる感じって、やっぱり横井の「理想郷建設事業」の理想展を思い出すな。ないのならば、つくってしまえっていう。理想展はいまある世界から理想郷への入口として機能してたと思うけど、僕らのダークアンデパンダン展は別世界の内部にある……感じか？　なんか一般の観客からしてみればクラスタ的な感じがしない？

卯城　うーん、だけどアーティストは誰でも参加可能なんだよ。そんなオープンなクラスタなくない？（笑）「闇」の先輩としては闇市にも直結してそうだけど。闇市もお上に対してはクローズドだったけど、利用者にはめっちゃオープンだったでしょ。ただ、観客を審査ってなるとたしかにクローズド度強めだから、なにかもっとオープンな手法で観客をある程度限定できないかな？　そうやってつくった、あらゆる人々向けじゃないステージで、「光が当たってない」暗黒……つまり表層では絶対見せられない作品にフォーカスする！

松田　いま足りてない「自由」や「未知」を「ダーク」で確保する感じか。エグさを隠す表層領域だけじゃ、もはや世界は測れないし。ていうか、たしかに観客を「審査」っていうとなんか「BLACK BOX（#ブラックボックス展）」（★31）みたいになっちゃうね。なら、それより、いっそ観客を「キュレーション」するみたいな感じじゃない？　「審査」と「キュレーション」って違うでしょ。セレクトっていう同じ過程があっても、審査で成り立つ公募展とオファーで成り立つキュレーション展とは違うし。それに僕らずっとキュレーションとアーティストの関係についても話してきたよね。その関係を観客のほうに転化させる。

★31　2017年に「なかのひとよ」主催で東京・ART & SCIENCE GALLERY LAB AXIOMにて開かれ、来場者3万人以上を記録した展覧会。入場時に展示内容を口外しないとする同意書に署名を求められ、退場時に絶賛もしくは酷評ないし「嘘の展示内容」を連想させる公言・投稿のみをOKとする許可書を与えられる。実質は展示物のない暗闇の部屋に入るだけだった。のちに会場内での痴漢被害を訴える女性が現れて騒動を引き起こした。

卯城　なるほど。キュレーションとなると、主催者側にとって安心なラインナップを揃えるだけじゃダメだしね。友達同士だけでキュレーションし合ってる展覧会って、なんか閉じてるじゃん。一般に向けたものだとしてもクラスタ内の展示に見える。良いキュレーションって、キュレーターの人脈の範囲内に留まらない、広くリサーチされたうえでのものが多いでしょ。

アーティストとキュレーターの関係から考えるに、「観客のキュレーション」が成立するとしたら、あるコンセプトに基づいて観客を発信者として選び、でも予定調和を避けるべく広い層にアプローチし、かつ一緒にイベントをつくる相手として共犯関係を結ぶ……ってことじゃない？　「一般向け」とは違うフェーズの「オープンさ」をキュレトリアルにつくり、観客200人くらいと一緒になって、表層では発表不可能な作品の生産的な鑑賞の場をつくるってことか。

松田 一方で、アーティストには本来的な自由を与えて、そこから何が生まれるかを試すわけでしょ？ いまの「表層」では何が本当に展示できないのか。それを測るためにも、参加アーティストには表層で展示できるかできないかっていうハードルは厳しく持ってほしいね。「公の時代」の展覧会として、「表現の不自由展」「堪え難きを堪え↑忍び難きを忍ぶ展」「キセイノセイキ展」とともに、歴史的に振り返られる実験的なものになりそう。それなら、僕もこれまで発表しなかった作品があるわ。ついにあれの出番か（笑）。どんなアーティストにも、つくってはみたものの、一般公開していない作品のひとつやふたつ、あるんじゃないかな。アーティストって、そういうものをつくっちゃうもんでしょ。Chim↑Pomもいっぱいあるよね？（笑）

卯城 あるある。なんならそれがウチらのマスターピースだよ（笑）。てか、ウチらだけじゃないよ。キュンチョメの作品で僕が思うマスターピースも未発表作だよ。超いいのにヤバすぎて一般公開なんて絶対無理なやつ。椹木野衣さんいわく、「時代が時代ならナブチ（キュンチョメのメンバー）は死刑だ……」ってくらいだから（笑）。さっき言ったSIDE COREのクローズドなトークショーの構想も、そういう作品がめっちゃあるからでしょ。

松田　SIDE COREはストリートアート・レペゼンだから、法規制とのバランスでいろいろ見せられない作品があるんだろうね。とにかく、ダークアンデパンダン展はポテンシャルありそうってことだ。

卯城　だね。てか、そういう作品が並ぶのを想像したら、ただのヤバいもの博覧会とも違うものになりそうじゃない？　だってＩＤＷはべつにマッドサイエンティストの集まりじゃなくて、「科学的根拠に基づいて話したい」っていう、まっとうで根源的な本能に依拠していたわけじゃん。アーティストにも同じように、「世間一般の価値観とズレてでもアートとしてつくらざるをえないもの」があるでしょ。

松田　それこそが、本来ならば「アートとして見せねばならぬもの」でもあるような気がするね。そういった意味では「表層」がシーンとして二軍に落ちても仕方ないか（笑）。まず僕も観客の一人として、ずらっと並ぶ暗黒作品たちを見てみたいよ。観客は誰？

卯城　美術館のキュレーターたちは一周回って当事者だから必要かも。

松田　コレクターを呼ぶのも面白そう。それこそブラックマーケットみたいな感じか

（笑）。僕らがふだんキュレーターに提案するように、僕らに対して、キュレーションされる側の観客から提案や要望なんかもあるかもね。どんな基準でキュレーションをしたのか教えてくれ、とか。

人間の矛盾を露わにする
ブライトな展覧会

卯城　ていうかさ、ブラックマーケットだのダークだの観客のキュレーションだのっていうキーワードから、それでもなんかやっぱクローズドだって批判はあると思うよ。だけど、じゃあね、そもそも「オープン」っていったい何？ってことを、もう一度ちゃんと考えてみたい。なんていうか、「一般とオープン論」。

この前ＩＣＣ（ＮＴＴインターコミュニケーション・センター）で展示されていた吉開菜央《よしがいなお》さんの映像作品《Grand Bouquet／いま いちばん美しいあなたたちへ》が会期中ずっと黒塗りされて展示されていたことが発覚したでしょ？（★32）僕、これについての美術館側のコメントにめっちゃイラっとしたんだよね。「一般的にもこの映像表現に懸念」とか、「様々な客層に配慮」とか、「『公開しない』という選択肢ではなく、『どのようにすれば作品を公開できる可能性があるのか』」とか。つまりさ、それってほんとに「開いてる」って言えるの？ってことなんだよね。「オープン」って概念自体への質問や疑問が拭えない。だって、作品は黒塗りなんだよ。それってつまり、観客に向けてはクローズドにしたってことでしょ。作品にとってとくに大事な箇所が隠されたわけじゃん。そんなコアな部分が公開されてないってことは、彼らが言ってる「公開」って全然「オープン」な行為じゃなくて、ほんとはめっちゃクローズドなものだと思うのよ。なのに、それを「一般」「公開」や「様々な客層」みたく、「みんなのためですよ～」的に聞きざわりがオープンなだけの言葉に言い換えて、誤魔化す。

★32　ICCにて開催された「オープン・スペース2018イン・トランジション」に吉開菜央が出品した《Grand Bouquet／いま いちばん美しいあなたたちへ》の「親指以外の4本指が折れる」などの一部シーンが、NTT東日本広報室との話し合いの末、NG理由不明瞭なまま黒く塗りつぶされて公開された。展示終了後、吉開は経緯の詳細を求める手記を自身のサイトにアップ。その後、NTT東日本広報室から「一般的にもこの映像表現に懸念があると判断」「ICCに来場される様々な客層に配慮すべきであるという観点」などと説明する返答があった。

さらにね、これ、指のない表現が問題視されたことから、ICC側は、「オリンピック・パラリンピック」を言い訳に、障害を連想させる不快な作品を「会社として」展示すべきでないって言ってるのよ。つまりさ、不特定多数の「様々な客層」の中の誰かがクレームを言ってくる恐れがあるから、企業のリスクになるって話でしょ。要は、「一般」を不快にさせたくないとかなんとか、守るように言ってるけど、違うよ。むしろ、「一般」をナメてるでしょ。どうせあの人たちはクレームをつけるから、「一般には、黒塗りした本物じゃないものを見せとけ」ってことだもん。一般に対してクローズドにすることを、一般のせいにしてる。

松田 たしかに。この件で日本と海外とを比べて特殊だと思える点を、推測も含めて言えば、この検閲の問題は、アートスペースを運営する企業が、広報活動と文化活動をごっちゃにしてる問題でもあると思うんだよね。つまり企業が自社のコマーシャルなどをつくるときに、それを制作する担当クリエイターへ「ビジネスコンプライアンス」の観点から注文をつけるような感覚で、アーティストへ検閲を行なったんじゃないかなと。そうなると、自社の広報活動におけるクリエイターやデザイナーへの「一般の方々への配慮」っていう自粛要請は、日常茶飯事でもっとエグいのかもしれない。そりゃあ、お茶の間の文化度やアート・リテラシーは低くなるよ(笑)。

ていうか考えてみたら僕らさ、この件だけじゃなく、「ポリコレはみんなの代表」とか「マジョリティ園」とか「キュレーターがアーティストに一般を説く」とか「表層」とか、これまで言葉を変えながら、「一般」や「みんな」や「表層」についていろんな角度から話してきたよね。「一般にオープン」っていう聞こえのいいスローガンのもとで、表層ではしかし「クローズド」な状況が続いているとして、でもまあそういう状況に表層を導いたのは、たしかに何を隠そう「一般」でもあるからね。けど、アーティストにとって一般の場所でヤバい作品を公開するときのリスクは、もう炎上っていうよりも黒塗りされて作品がちゃんと見せられないってことかもしれないね。ダークアンデパンダン展は、そういう「一般」の名のもとに「クローズド」にされてしまう作品を、キュレトリアルなやり方で世の中に「オープン」にするものなんじゃないかな?

卯城　うん。ていうか、一般の人たちが作品を見られないって、そもそもダークアンデパンダン展以前に、美術館や社会の表層でも、そういった作品は最初からすでに黒塗りされてるし、展示が断られたりしてるわけじゃん。つまるところ、ダークアンデパンダン展が客をキュレーションするからじゃなくて、そもそも一般の方々がそういう作品を見る機会はもうとっくにないって構造なんだよ。一般公開がモットーだからとか言い訳をするＩＣＣの論理に沿うと。

そのうえでもまだ「一般公開しないからクローズドだ」とかってダークアンデパンダンに対して安易に言えちゃう気づきの遅い方々は、言い方は悪いかもだけど、それならもう一生、表層で黒塗りされた作品を見続けていけばいいと思うよ。本質はクローズドにされてると言わざるをえないけど、それが「オープン」だと勘違いしとけばいいと思う。

「みんな」、黒塗りされた世界をオープンだと思って生きていけばいいんじゃないかな。

松田 そうだね（笑）。不快なものや露悪的なものがゾーニングされているのではなく、じつはそもそも「一般の方々」がすでにゾーニングされた世界に生かされている現実。それでいいのかな？　いいのか（笑）。ホームレスは実際にはいるけどいないことにして生きられるし、公文書が黒塗りされて改ざんされるなんてことも、ニュースを信じなきゃいいわけだし。世の中で目を背けたくなるような事件があっても、そもそも見ようとしなけりゃいい。まさにポスト・トゥルースってやつ（笑）。それはそれで幸せなのかも。少なくとも、ダークアンデパンダン展はそういう「ダークな」作品を、200人くらいの幅広い層のアート従事者なんかにはちゃんと「オープンに」公開するわけだよね。つまりダークアンデパンダン展は、作品を出すアーティストは当然のこと、「一般」や「専門家」までをも批評する性格を持つ展覧会になるわけだ。ちょうはつてきィ〜！（笑）

卯城（笑）。ていうかさ、これ、アーティストの自由と民主主義を体現した、究極にオープンでありつつ、究極にクローズドな展覧会、って感じじゃなきゃダメなんじゃないかな？　ウチらがやった《道》を思い出すな。

松田　アーティストの公募にあたっては、そういう理念というか思想を共有してもらうことがまずは参加の条件になりそうだね。思想がないと、アートとは関係なしに、ただただ「卯城を刺したい」ってやつが来ちゃう（笑）。

卯城　マジで？　勘弁してよそんなクソサブカルラディカリスト……。てか、日本がつねに思想のないサブカルのカオスに陥りがちだってのは、それこそ木澤さんの『ダークウェブ・アンダーグラウンド──社会秩序を逸脱するネット暗部の住人たち』（イースト・プレス、２０１９年）にも書いてあったよ。たとえば、ダークウェブ内の日本語掲示板「Onionちゃんねる」は、「2ちゃんねる」同様に無秩序じゃん。対して海外の掲示板は、話題はフォーラム形式で、ドラッグやヘイトや児童ポルノについてでさえ、モデレーターが管理するんだって。

松田　議論の当事者であれってことだろうね。あと、欧米はやはり議論の場を設計する意識が高いっていうか。Onionちゃんねるの話は、カウンターカルチャーが日本では思想ではなく「悪趣味」として消費されていることがよくわかる事例だね。そんな無秩序な「場」をつくるだけじゃカウンターでもなんでもないし、「ダーク」が世の中に必要だってことにもならないよ。ダークアンデパンダン展には、思想を共有する規約なんかが必須かもね。あとは会期中に一般に開放する場として、「ダーク作品」について大会議的に議論できたりするところがあると最高じゃない？

卯城　たしかに。ていうか、まあこれだけ話しといてなんだけど、実現する際には、ちゃぶ台ひっくり返すくらいガラッとやり方も変わるかもだしね（笑）。プロジェクトやるときはいつもそう。それに、これからだってChim↑Pomも松田くんも、活動のメインの場はやっぱり表層にあるわけでしょ。だけど、こういう試みこそ、表層自体を揺さぶるんじゃないかな。アンダーグラウンドっていう文字どおりに、地下の動きが足元を揺らす。

松田　まあ、アーティストが究極のアートを提案しようとするときに、活動拠点の現世的な法律や空気なんていうリミッター優先で考えることが良いことだとは思えないし。そもそも僕が初めてアートを面白いと感じたのは、世の理《ことわり》から外れた存在に思えたからなんだ。

鑑別所を出所してすぐの保護観察処分中に、ケースワーカーに連れられて行った美術館で（笑）、裸像の彫刻や写実系の油絵とかそのときの僕でもわかる「お芸術」が並んでる中で見た、落書きみたいなピカソの絵！　もちろんピカソなんて名前も知らなくて。ベンツの車がなんで高いかくらいはわかる年齢だったけど、ピカソはまったくわかんなくてウケた（笑）。自分がこれまでに培った知識や常識がカンケーなくて、素直に「これは面白い」って感じたんだよね。そもそもで言うと人間自体が矛盾だらけの、善悪入り混じった「よくわかんない」存在でしょ。人の命を軽々しく奪った人間が許せなくて、軽々しく「死ね」と言ってしまうこともある。正義の味方より悪の怪人のほうが好きって人もたくさんいるだろうし、僕なんかいまだに蟻の巣ぶっ壊すの楽しいもの。あれ、何が楽しいんだろ（笑）。こんなよくわかんない人間同士が社会的動物として無理やり共存するために、法律や常識やルールをつくってる気がするけど、いつだってその矛盾は、社会や世間って「公」の中にも、一人の人間って「個」の中にもあるわけだよね。それを露わにするのがアーティストって存在なんじゃないかと思う。いまはもうその矛盾に、社会も個人も向き合えなくなってる。

卯城　善も悪も内在してるのに、どちらか片方だけ都合良くリプリゼントなんてできるわけない。清濁あわせ持ってこそアーティスト、っていうか、それこそが人間やこの世の中じゃん。その無限の可能性を豊かなカオスだと信じられるセンスがアートなんじゃないの？　でなきゃアーティストなんてもう必要ない。デザイナーがいればなんとかなるよ。

思うんだけど、たとえばChim↑Pomの未発表作も、それが「いま」の「表層」でお蔵入りしてるだけで、アートのモチベーションとしては、次元を超えた全人類とのつながりを感じながら制作したんだよね。だから、現状「ダーク」入りな作品だとしても、それは世界や人類の根本的なコアにはいまも全力で開かれている。逆にそういう「ブライト」なアートを「ダーク」にしてるのは、この世の中じゃん。だから、ダークアンデパンダン展には意外にも人類にとって逆にもっともブライトな作品が並ぶかもよ。それこそ、ウチらがずっと話してきた「アーティストってそもそも何だっけ?」ってクエスチョンそのものだから。それにね、アーティストからこういう試みが生まれなくなったらもうおしまいというか、それは本当に「公の時代」として表層までもが「暗黒」になるときでしょ。それで「エクストリームな個」が消失した次は、いよいよ「個」が消える番だからね。

おわりに

「松田くん、いまからのまない？
めっちゃおもろい話があるんだけど」

この本ができるきっかけは、こんな感じの電話からだったと思う。電話の主は、卯城竜太。Chim↑Pomのリーダーで、この本のもとになるウェブ版「美術手帖」の連載に誘ってくれた（巻き込んできた）人物である。

このような電話が急にかかってくるのは、珍しいことではない。ていうか卯城だけじゃなくて、Chim↑Pomメンバーからの呼び出しは、いつだって急なのだ（大きく頷く人はたくさんいるだろう）。それでもたいていの場合、僕は断らずに出かける。酒が好きなのもあるし、こういう飲み会でこそいいアイデアが浮かんだりするし、なにより卯城の「おもろい話」にはいつも興味が引かれるところがあるのだった。まあ「おもろい話」に乗っかって、メキシコの砂漠で車がスタックし、うっかり死にかけたこともあるのだけれど（笑）。それはまた別の話。

そんな突発的に起こる酒の席で、僕らはやはり主に「アート」の話をして、宇宙の真理に辿り着いた気になるようなときもある。けれどたいてい次の日にはすっかり記憶をなくしていて、残された暗号のようなメモとにらめっこするのがデフォルトだったりする。お互い飽きもせず、こんなことがもう十数年も続いているのだ。そんな飲み会から、この連載が生まれる大正の前衛の話が出て、アンデパンダンの話になり、その話から現代の「公」と「個」についての話になっていくのだが、今回はどうやら僕にとっても卯城にとっても、忘れるわけにはいかない切実な話だったらしい（笑）。

連載から書籍化までは、順調そのもの——のわけがなかった。専門書をたくさん読み直し、あ〜だこ〜だ言っては原稿を赤字まみれにし、それも自分の箇所だけではなくお互いの発言にも入れまくって、連載時には文字起こしの原型もなく、書籍化にあたっては新たな対談・鼎談収録と大幅な加筆修正があり、文字数が膨れ上がってはそれを減らし、つねにヒーヒー言っていた。付き合ってくれた関係者には本当に頭が下がる。ミーティングという名の酒に逃げたことも一度や二度じゃなかった。そうそう、僕らが組み立てた論を椹木野衣さんに無邪気に聞いてもらおうとして、2人して3時間近く論破されるっていうかフルボッコにされて、原稿を一からやり直すってこともあった。研究者コワい（笑）。

そんなこんなで連載の書籍化を進めるなか、この本の中盤部分で「公」と「個」の関係性をもう一度しっかり定義して書ききろうというような会議があった。酒なしで。そこで編集者の綾女さんから、一般的に「公」にまず対置されるのは「私」であって、「個」に対しては「全(体)」。そういった「公」と「個」のねじれについてもう少し整理したほうがいいのでは?というアドバイスをいただいた。それがうまくいっているかどうかは本の中身を確認してほしいが、そんな会話の流れで卯城がこんなことを言った。

「アーティストには、『私』よりも『個』がふさわしい」

そしてこうも言った。

「個が立つ、って言うじゃないですか。私が立つ、っていうふうには言わないし、そんなことはないだろうし」

いいこと言うなあ、と僕はそのとき思った。僕らアーティストは、まさに個を立たせるために活動している。さすが中卒の星。

あの飲み会からこうして本の形になるまで、このような気づき(?)がたくさんあった。「公」と「個」をめぐる気づきといえばもうひとつ。ヒーロー像を通して日本人の国民性を認識することがあった。

アメリカにおけるヒーローには、「個」の悩みや葛藤をともなうインディペンデントな正義の味方が多いのに対し(だから自衛の精神が強く、銃社会なのだとも思える)、日本人のヒーローは、そのほとんどが政府側の組織の人間であったりすることだ。つまり公僕だったりする。ウルトラマンも戦隊物もそう。時代劇もだいたいそうだし、サムライ○○なんてスポーツチームもこの類か。彼らは自分で考え、悩み抜いた末の正義で動いているのではなく、与えられた正義を全《まっと》うしている存在なのだ。つまりこの本で言うところの「滅私奉公人」に近い。

そのことに気づいたとき、この国でアーティストがいまいち理解されなかったり、なんなら嫌悪されていたりする理由がわかった気がした。つまり、日本における僕らアーティストは、インディペンデントに世界征服を企む悪の側であり、ショッカー（古い）側なわけだ。そして無理やりまとめると、この本は、読者にそういったことを考えさせたりして、「個の立ったショッカー」を増やすための本なのかもしれない（笑）。違うかな？中卒の星。

しかし、やはりこの本の一番の目的は、「個の時代」の産物である僕と卯城が、「公の時代」に何ができるのか、まずは自分たちに気づかせることだったように思う。誘ってくれてありがとう、中卒の星。

って、こんなことを書くと、へそ曲がりの卯城はこれから僕への電話を躊躇するかもしれない。いや、でも、しかし、また電話は鳴るだろう。僕と卯城が、社会や世間っていう「公」に刺したいと考える「アーティスト」であるかぎり、こんなことが一生続くのだろう。

深夜零時近くに電話は鳴る。

「松田くん、いまからのまない？」

令和元年七月　今日も酔っ払い

松田　修

■卯城による「日本の前衛」DIY年表

このDIY年表はもともと卯城氏の向学心に端を発し、自ら関連書籍やネットのサイトなど各所から情報を抜粋して寄せ集め、個人の参照用にまとめたものです。以下にその年表を加筆・修正のうえ再現したものを掲載します――編集部

★キーパーソン

・大きな時代として3人の藝大同期とその後の運命…望月桂、藤田嗣治、岡本一平
・中心人物として村山知義、柳瀬正夢、岡本唐貴、田河水泡
・そこに至る人物として岸田劉生
・戦後への影響として瀧口修造、岡本太郎、黒澤明、白戸三平、長谷川町子

☆明治と世界での前衛運動誕生

◉明治17年／1884
・スーラ、シニャックら「アンデパンダン美術協会」設立

◉明治22年／1889
・東京美術学校開校
・川上音二郎「オッペケペー節」作詞

◉明治33年／1900
・黒田清輝、白馬会展に展示された『裸体婦人像』（静嘉堂文庫美術館蔵）が警察によって咎められ、絵の下半分が布で覆われる「腰巻き事件」が起きる

◉明治34年／1901
・宮武外骨『滑稽新聞』創刊（～1908）

◉明治36年／1903
・幸徳秋水と堺利彦『平民新聞』創刊（以後アナキズムの機運が日本で高まる）

◉明治37年／1904
・日露戦争開始
・幸徳秋水と堺利彦「共産党宣言」翻訳（発売も即日発禁）

◉明治38年／1905
・日露戦争終結
・添田唖蝉坊「ラッパ節」大流行
・パリでマティス「野獣派（フォーヴィズム）」誕生

◉明治39年／1906
・岡倉天心『茶の本』ニューヨークで出版

◉明治40年／1907
・ピカソ《アビニヨンの娘たち》発表、キュビスム前夜
・日本初の官立展である文部省美術展覧会（文展）が開設（日本美術会のアカデミックな権威となる）

◉明治42年／1909
・イタリア未来派結成
・森鷗外「未来派宣言」日本語訳

◉明治43年／1910
・日韓併合
・大逆事件
・武者小路実篤、岸田劉生（19歳）、志賀直哉、柳宗悦ら『白樺』創刊（西洋の動向

を日本に紹介するとともに、のちの個人主義的な芸術観の基礎となる）
・望月桂（23歳）、藤田嗣治（24歳）、岡本一平（24歳）、同期として東京美術学校卒業

◉明治44年／1911
・平塚らいてう『青鞜』創刊（大逆事件後のアナキズムや白樺派らとともに文化と民主主義の花開く大正へ）
・デュシャンらピカソとブラックに影響を受けた若手画家たちのピュトー・グループが第27回パリ・アンデパンダン展の会場の一室を占拠し、キュビスムの一大デモンストレーションを決行。観衆はそれらの「醜い作品」を見て衝撃を受け、口々に非難を浴びせた
・特別高等警察（特高）設置
・幸徳秋水死刑

☆世界のアヴァンギャルドの時代と日本のアヴァンギャルド前夜

◉明治45年・大正元年／1912
・明治の終わり（7月30日）同日から大正へ
・白樺派の衛星的グループのひとつとしてフォーヴィズムの影響を大きく受けた岸田劉生（21歳）や萬鉄五郎ら、「フュウザン会」結成、第1回展（黒田清輝の勢力が支配的でアカデミックな文展への初のカウンター）
・岡本一平（26歳）、朝日新聞社入社（その後〝漫画漫文〟という独自のスタイルで人気を博し、「宰相の名は知らぬが、一平なら知っている」と言われるほど有名になる）
・フランス下院で「キュビスム非難演説」が行なわれる

◉大正2年／1913
・木下杢太郎『美術新報』にて日本で初めて「表現主義」という言葉を用いて論ずる
・岸田劉生（22歳）、近代を捨てて古典的絵画を志向し始める（「〝最後の人〟として江戸趣味とともに滅ぶ決意」）
・ウラジミール・タトリン「ロシア構成主義」
・藤田嗣治（27歳）、パリへ渡る

◉大正3年／1914
・文展から「二科会」が独立

◉大正4年／1915
・宮武外骨、第12回衆議院議員総選挙に立候補し「政界廓清《かくせい》・選挙違反告発候補者」を名乗り選挙違反を片っ端から告発。落選運動の走り的存在と言えた
・望月桂（28歳）、氷水店「へちま」開店（賃料に困って台東区谷中に移転し、一膳飯屋に模様替え。アナキストたちと知遇を得るが、商売はうまくいかず閉店）

◉大正5年／1916
・吉野作造「民本主義」提唱
・ツァラ、雑誌『キャバレー・ヴォルテール』発行（「ダダ」の言葉が初登場）

◉大正6年／1917
・ロシア革命
・デュシャン《泉》発表
・トリスタン・ツァラ、雑誌『ダダ』創刊

（ダダ宣言もその後掲載）

・望月桂（30歳）、「平民美術協会」を設立（平民美術宣言をして商業主義に反対し、「芸術は売り物ではない」と民衆美術運動を展開）

◉大正7年／1918

・添田さつき「パイノパイノパイ」大流行

・米騒動

・原敬初の平民宰相に

・第一次世界大戦終結

・藤田嗣治（32歳）、この頃からだんだんとパリでうけはじめのちにパリ画壇の寵児となる

☆ダダイスム到来、アヴァンギャルド全盛期

◉大正8年／1919

・望月桂（32歳）、大杉栄らにとともにアナキストらによる美術集団「黒耀会」結成

黒耀会展とした日本初のアンデパンダン展を関東大震災まで4回企画。大杉栄が自画像を出品していたほか、堺利彦（のちにコミュニストの代表的な人物となる）、橋浦泰雄（のちに柳田國男の右腕となる）、演歌師の添田唖蝉坊、小説家・中里介山（のちに『大菩薩峠』などで知られる）、辻潤、島崎藤村、高村光太郎、マヴォの村山と柳瀬など多くの文化人が一堂に参加

◉大正9年／1920

・黒耀会「第2回黒耀会展」開催（望月が大正天皇の「遠眼鏡事件」を未来派風に描いた作品《遠眼鏡》が警察に撤去を命じられる。「計140点の作品が展示され、その内の28点が撤回命令！　警察の指導を無視して展示してたら6点が押収されたということです。しかも押収された作品の「盗難届」を押収した警察に提出」（風間サチコさんブログより）

・普門暁「未来派美術協会」結成（二科展落選の恨みを晴らすかのように結局立ち上げ、事実上リーダーとして活躍。柳瀬正夢（20歳）や尾形亀之助が参加するが、のちにマヴォ結成を前提に未来派は解散）

◉大正10年／1921

・初の平民宰相・原敬暗殺

◉大正11年／1922

・二科会から岡本唐貴（19歳）など若手たちが「アクション」結成

・「第一作家同盟（DSD）」結成

・村山知義（21歳）、ベルリンへ発つ

◉大正12年／1923

・帰国した村山知義（22歳）と柳瀬正夢（23歳）らが中心になり「マヴォ」結成

・マヴォ「マヴォ宣言」

・マヴォ「二科展落選歓迎移動展」（二科展の落選画を大八車に乗せて、楽隊を引き連れ上野から新橋まで練り歩くデモンストレーション）

・高橋新吉『ダダイスト新吉の詩』

・関東大震災

・大杉栄殺害

・マヴォ「連鎖展」（震災後の東京市内各所で開催。各所をネットワーク化。宣伝には頭髪を添付したビラを配布）

・今和次郎らとアクションら「バラック装飾」（震災後のバラックの壁画運動、多く

の美術家を動員）

・今和次郎「バラックのスケッチ」開始（のちの考現学研究のはじまりとなる）

・日英同盟失効（アメリカの圧力により。大平洋戦争への伏線）

◉大正13年／1924

・マヴォメンバーの村山知義（23歳）、岡田龍夫、高見沢路直（のちの田河水泡、25歳）「サウンド・コンストラクター」（中央新聞で「名乗られない踊り」と皮肉られたパフォーマンス。村山のダンスを伴奏する「ブリキのカマに糸車をくっ付けた」自作の騒音発生機は、パフォーマンスの最後に観客の前で破壊された）

・雑誌『マヴォ』創刊（1925年までに7号を刊行。第3号は発禁処分）

・マヴォ「帝都復興創案展」（震災後の建築的構想を発表。展示された建築作品は「怪奇室」と騒がれ、「髪の毛、新聞の切り抜き、首なし人形」などからなるアッサンブラージュだった）

・「三科」結成（旧未来派美術協会、旧アクション、マヴォ、旧DSD（第一作家同盟）ら別々の前衛集団らが立場を超え連合。大正期の最も先鋭的な動きのひとつとなる）

・ブルトン『シュルレアリスム宣言』（これ以降ヨーロッパのダダの多くの作家はシュルレアリスムへ）

◉大正14年／1925

・普通選挙法と治安維持法制定

・「アクション」解散

・三科「劇場の三科」（パフォーマンス。大正期新興美術運動のひとつの総決算。全11演目をプロの手を借りずに美術家たちだけで実現した実験劇場。短編映画の上映、村山の踊り、木下秀一郎は顔に紅白で隈取りしわけのわからない詩を朗読し最後に玉を投げつける、元アクションを率いていた神原泰は観衆に聞こえない小声で会話するジョン・ケージ的劇を披露、元アクションの矢部友衛はオートバイを音響とともに観客に向かってふかす、柳瀬正夢は通路を焼魚の煙で満たすなど、観客を徹底して愚弄した）

・三科解散（共産主義へ急進するメンバーとそうでないメンバーとの意見の不一致により）

・マヴォ休止（以下メンバーの多くはプロレタリア美術へ）

・柳瀬正夢（25歳）ら三科メンバー「日本プロレタリア文芸連盟美術部」設立（以来、柳瀬正夢は代表的なプロレタリア美術家へ）

・白樺派だった柳宗悦「日本民藝美術館設立趣意書」執筆

◉大正15年／1926

・1月15日、京都帝国大学などの社会科学研究会所属の学生が検挙（京都学連事件）。初の治安維持法適用

・衣笠貞之助、映画『狂った一頁』を製作。川端康成、岸田国士、円谷英二らと「新感覚派映画聯盟」を結成。日本映画初のアヴァンギャルド映画と呼ばれたが、興行的には赤字となり、この一作限りで連盟は解散

・復興事業として東京府美術館開館

・横井弘三「理想大展覧会」。東京府美術館のこけら落としだった二科展による「聖

徳太子奉賛記念展」へのカウンターとして、近所の公民館で開催した破天荒なアンデパンダン展。大正デモクラシーや大正期新興美術運動の最後の打ち上げ花火となった。

「［…］理想展にはじつに106名が参加したが、その内訳は村山知義や岡田龍夫らマヴォの面々をはじめ（※当時落選続きだった若き日の棟方志功も！）会社員、看板屋、画学生、百姓、高等遊民、労働者、小学生、コック、官吏、青物問屋、職工、写真業、乞食、僧侶、煙草屋、デットアラメ宗宗主（※実はマヴォの上坂清一）など、怪しげな者も含む、文字どおり多種多様な人々だった。決して大きくはない空間のいたるところに展示された333点の出品作も、絵画をはじめ、詩、看板、小学生の自由画、漫画、はたまた手相による運命鑑定、バケツを叩きながらの美術の革命歌の合唱、吃又の芝居、さまざまなダダ的パフォーマンス、さらには『リングパイプ』と名づけた金属製の新案指輪煙草ハサミだのこれ亦新案特許を得てゐる室内遊戯具『コロコロ』を大型な野外運動具に拵え直したもの」、「中には『犬小屋』藝術をほこる男もあればアメリカ帰りの富山直子夫人が創作的な『お料理』を出さうと言う騒ぎ」（『読売新聞』1926年3月23日朝刊3頁）つまり現在はもちろん、当時の基準からしても、到底「美術」とは考えられないような、文字どおりあらゆる造型や行為が披露されたのである。初日の5月1日はメーデーであったことから、日比谷公園から上野公園に流れてきたおびただしい労働者たちが会場に押し寄せたことも、理想展の混沌とした魅力を倍増させたようだ」（福住廉アートスケープより）。会場には「横井のバカヤロー」の張り紙も

・大正の終わり（12月25日）同日から昭和へ

☆シュルレアリスムとプロレタリア美術、エロ・グロ・ナンセンスの流行。そして戦争へ

●昭和2年／1927

・日本最初のシュルレアリスム専門雑誌『薔薇・魔術・学説』創刊（多くの日本のダダイストがシュルレアリスムとプロレタリア美術に移行した時期）

●昭和3年／1928

・梅原北明、雑誌『グロテスク』刊行（〜1931）

・衣笠貞之助、実験的な時代劇映画『十字路』を発表。『ヨシワラの影』という題名で欧米各国にも配給され、国際的評価を得た最初の日本映画となった

・第四次『東京パック』（漫画雑誌。第三次の編集者下田憲一郎が東京パック社を買い取って始まる。その誌面では、柳瀬正夢（28歳）、岡本唐貴（25歳）らプロレタリア美術の画家たちと下川凹天、小野佐世男らエロ・グロ・ナンセンスの漫画家たちが共存し、さらに二科会の向井潤吉なども時折参加するなど、豪華さを誇っていた）

・プロレタリア三団体が集まり「全日本無産者芸術連盟（ナップ）」設立（村山知義（27歳）、岡本唐貴、柳瀬も参加。プロレタリア美術のプラットフォームに）

・「第1回プロレタリア美術大展覧会」
・望月桂（41歳）、読売新聞に漫画家として就職。ペンネームを犀川凡太朗（現在の若手美術家・毒山凡太朗の名の由来。名付け親は風間サチコ）として主に漫画の世界で活躍
・3月15日、日本共産党に対する一斉検挙（三・一五事件）
・治安警察法により労働農民党、日本労働組合評議会、全日本無産青年同盟に解散命令

◉昭和4年／1929
・大恐慌
・黒澤明（19歳）、日本プロレタリア美術家同盟に参加。岡本唐貴（元アクション→二科。白土三平の実父、プロレタリア美術の巨匠、26歳）に絵を教わる
・岸田劉生（38歳）、死去
・ダリ、シュルレアリスト・グループに参加

◉昭和5年／1930
・村山知義（29歳）、『プロレタリア美術のために』発表
・村山知義、治安維持法で検挙・投獄
・江戸川乱歩や夢野久作によりエロ・グロ・ナンセンスが流行語に
・岡本一平（44歳）、家族とともにフランスへ。岡本太郎（19歳）はその後10年間フランスで過ごす
・瀧口修造（27歳）、ブルトンの『超現実主義と絵画』を翻訳（日本における本格的なシュルレアリスムの最初の文献。これにより瀧口は日本におけるシュルレアリスムの権威として美術批評などで徐々に名を広めていく）

◉昭和6年／1931
・田河水泡（元マヴォのメンバー高見沢路直のペンネーム、32歳）漫画『のらくろ』連載開始。大流行し、日本初のキャラクタービジネスとなる。（1941年に打ち切られるものの、その影響力は凄まじく、幼い頃の手塚治虫は『のらくろ』を模写し、技術を磨いていたという）
・藤田嗣治（45歳）、南アメリカの個展に6万人を動員
・岡本太郎（20歳）、パリのアンデパンダン展にてデビュー

◉昭和7年／1932
・岡本一平（46歳）、帰国
・五・一五事件
・岡本唐貴（29歳）、逮捕投獄の末に拷問を受ける。以来身体が不自由となる
・柳瀬正夢（32歳）、逮捕投獄の末に拷問を受ける

◉昭和8年／1933
・藤田嗣治（47歳）、帰国
・小林多喜二、逮捕拷問の末に殺害される（岡本唐貴が死顔を描く）
・村山知義（32歳）、転向して出獄

◉昭和9年／1934
・治安維持法の改正、警察による熾烈を極める弾圧などを背景に、プロレタリア美術運動は終息
・柳宗悦「日本民藝協会」設立

◉昭和10年／1935
・長谷川町子（15歳）、田河水泡（36歳）の

内弟子となりデビュー

●昭和11年／1936

・二・二六事件
・阿部定事件と「忘れちゃいやヨ」の発禁により、エロ・グロ・ナンセンスのムーブメントは終息
・岡本太郎（25歳）、パリでツァラ邸訪問
・ヨーロッパでナチス台頭

●昭和12年／1937

・瀧口修造（34歳）らによる企画展「海外超現実主義作品展」（ヨーロッパのシュルレアリスムの作品や資料を多数展示）
・国民精神総動員運動の決定（これにより文化や個人の発言にも戦争への積極性が義務付けられる）
・日中戦争開始
・検閲熾烈化

●昭和13年／1938

・望月桂（51歳）、小野佐世男らと漫画雑誌『バクショー』（爆笑社）を主宰（藤田嗣治（52歳）も参加。翌年廃刊）
・岡本太郎（27歳）、パリのシュルレアリスム国際展に《傷ましき腕》で参加

☆戦時下とアート

●昭和13年／1938

・陸軍省「大日本陸軍従軍画家協会」結成（陸海軍省は戦地へ従軍画家を派遣する。現地部隊とともに行動する従軍画家には鶴田吾郎、小磯良平、藤田嗣治、宮本三郎、中村研一、山田新一ら多くの画家が参加）

●昭和14年／1939

・陸軍省「陸軍美術協会」創立
・「第1回聖戦美術展」開催
・藤田嗣治（53歳）、陸軍美術協会理事長に就任

●昭和15年／1940

・日独伊三国同盟締結
・「紀元二千六百年奉祝美術展」開催
・岡本一平（54歳）、流行歌「隣組」作詞（発売は戦時下にもかかわらず、ユーモアのある歌詞で親しまれた）
・岡本太郎（29歳）、帰国
・岡本太郎《傷ましき腕》などを二科展に出品して受賞、個展も開く
・村山知義（39歳）、検挙

●昭和16年／1941

・太平洋戦争開戦
・「第二回聖戦美術展」開催
・「第一回航空美術展」開催
・瀧口修造（38歳）、前衛思想が危険視され治安維持法違反容疑で福沢一郎とともに特高により逮捕（この逮捕により、戦前の日本のシュルレアリスムは独自の展開へ）

●昭和17年／1942

・「大東亜戦争美術展覧会」開催
・「大東亜共栄圏美術展」開催
・「大東亜戦争美術展」開催

●昭和18年／1943

・「大日本美術報国会」が横山大観を会長として創立
・「第二回大東亜戦争美術展」開催

・黒澤明（33歳）、初監督『姿三四郎』

◉昭和19年／1944

・「戦時特別美術展」開催

◉昭和20年／1945

・「戦争記録画展」開催（これら作戦記録画を目玉に据える各種戦争美術展の入場者数は、太平洋戦争下の最盛期において官展の10倍に達したとも言われる）

・柳瀬正夢（45歳）、空襲にて死亡

・敗戦

☆そして戦後

◉昭和21年／1946

・日本国憲法公布

・岡本一平（60歳）、ユーモアを織り込んだ17文字短詩「漫俳」を提唱

・望月桂（59歳）、東筑摩農民組合連合会で組合長となる

・村山知義（45歳）、新協劇団を再建

◉昭和22年／1947

・岡本太郎（36歳）、新聞に「絵画の石器時代は終わった。新しい芸術は岡本太郎から始まる」という宣言を発表（当時の日本美術界に挑戦状を叩きつける）

・黒澤明（37歳）、戦後初作品『我が青春に悔なし』

・長谷川町子（27歳）、『サザエさん』連載開始

◉昭和23年／1948

・岡本太郎（37歳）、花田清輝らとともに「夜の会」結成（前衛芸術について論じ合う会で、ほかに埴谷雄高、安部公房らが参加）

・岡本太郎『岡本太郎第一画文集――アヴァンギャルド』（文中にてアヴァンギャルドが過去との断絶を前提として今日と未来を獲得することを宣言。戦前の前衛との流れが断たれるひとつのターニングポイントとなる）

・岡本一平（62歳）、死去

◉昭和24年／1949

・藤田嗣治（63歳）、フランスへ移住、生涯日本には戻らなかった（戦争協力者と非難された藤田は、GHQ占領下の1949年に渡仏の許可が得られると「絵描きは絵だけ描いて下さい。仲間喧嘩をしないで下さい。日本画壇は早く国際水準に到達して下さい」との言葉を残し渡仏。「私が日本を捨てたのではない。日本に捨てられたのだ」としばしば語った。その後も、「国のために戦う一兵卒と同じ心境で描いたのになぜ非難されなければならないか」と手記の中でも嘆いている）

・「第1回日本アンデパンダン展」開催（キャッチフレーズは「美術の民主革命」。第9回から「読売アンデパンダン展」へと改称。1960年頃からのネオダダ作家たちの参加による過激化によって、1964年に中止を発表）

◉昭和26年／1951

・瀧口修造（48歳）、「実験工房」設立（日本の戦後の前衛美術、現代音楽の黎明期の代表的なグループ。武満徹、湯浅譲二ら14人のメンバーから成る。「具体美術協会」をはじめ諸芸術団体による活動が隆

盛する以前に東京で発足した）

◉昭和29年／1954

・「具体美術協会」結成

◉昭和33年／1958

・ニューヨークで「ネオ・ダダ」ムーブメント

◉昭和35年／1960

・「ネオ・ダダイズム・オルガナイザーズ」結成

・「ゼロ次元」結成

◉昭和38年／1963

・ネオダダの素行の悪さから読売アンデパンダン展終了

・「ハイレッド・センター」結成（最初のイベント「第5次ミキサー計画」にて岡本太郎（52歳）がテープカットを行なった）

◉昭和39年／1964

・東京オリンピック開催

・白土三平（32歳）、（アクション↓三科↓日本プロレタリア美術家同盟の岡本唐貴の息子）『カムイ伝』連載開始の場として漫画雑誌『ガロ』創刊（以来、20世紀の日本のサブカルチャーのプラットフォームになっていく）

←

←

←

◉昭和60年／1985

・岡本唐貴（82歳）、マヴォ・三科・造型（のちのプロレタリア美術家同盟）などに関する資料を知人に託す。翌年死去（享年82歳）

・白川昌生『日本のダダ――1920-1970 増補新版』水声社、2005年
・滝沢恭司編『コレクション・モダン都市文化第29巻――構成主義とマヴォ』ゆまに書房、2007年
・林洋子監修、内呂博之『もっと知りたい藤田嗣治――生涯と作品』東京美術、2013年
・『1977 藤田嗣治展』藤田嗣治展開催委員会、1977年
・『没後50年 藤田嗣治展』朝日新聞社・NHK・NHKプロモーション、2018年
・椹木野衣『日本・現代・美術』新潮社、1998年
・artscape「現代美術用語辞典」https://artscape.jp/artword/index.php/era/
・ArtReview Asia https://artreview.com
・中ザワヒデキ『現代美術史日本篇――1945-2014 改訂版』アートダイバー、2014年
・『百年の編み手たち――流動する日本の近現代美術』美術出版社、2019年
・青木淳『原っぱと遊園地――建築にとってその場の質とは何か』王国社、2004年
・青木淳『フラジャイル・コンセプト』NTT出版、2018年
・「青木淳1991-1999」『建築文化』1999年11月号、彰国社
・「『新宿ホワイトハウス』を巡って――半世紀前の回顧――ネオ・ダダと磯崎新の処女」『新建築』2011年4月号、新建築社
・『1920年代日本展――都市と造形のモンタージュ』朝日新聞社、1988年
・Chim↑Pom『都市は人なり――「Sukurappu ando Birudo プロジェクト」全記録』LIXIL出版、2017年
・歌舞伎町商店街振興組合『歌舞伎町の60年――歌舞伎町商店街振興組合の歩み』歌舞伎町商店街振興組合、2009年
・アトリエ・ワン『コモナリティーズ――ふるまいの生涯』LIXIL出版、2014年
・槇文彦、真壁智治『アナザーユートピア――「オープンスペース」から都市を考える』NTT出版、2019年
・木澤佐登志『ダーク・ウェブアンダーグラウンド――社会秩序を逸脱するネット暗部の住人たち』イースト・プレス、2019年
・木澤佐登志『ニック・ランドと新反動主義――現代世界を覆う〈ダーク〉な思想』講談社、2019年
・木澤佐登志「欧米を揺るがす『インテレクチュアル・ダークウェブ』のヤバい存在感」(「現在ビジネス」2019年1月17日) https://gendai.ismedia.jp/articles/-/59351
・永觀堂雁琳「〈翻訳〉ニック・ランド『暗黒啓蒙』」(「note」2019年6月7日) https://note.mu/ganrim_
・“‘Intellectual Dark Web’ Ideas”, The New York Times (May 10, 2018) https://www.nytimes.com/2018/05/10/opinion/intellectual-dark-web.html
・木澤佐登志(ブログ)「Mal d'archive」http://toshinoukyouko.hatenablog.com/
・八田真行『オルタナ右翼』洋泉社、2017年
・斎藤純一『思考のフロンティア――公共性』岩波書店、2000年

(322ページに続く)

参考文献

・足立元『前衛の遺伝子——アナキズムから戦後美術へ』ブリュッケ、2012年
・五十殿利治『大正期新興美術運動の研究』スカイドア、1995年
・五十殿利治『日本のアヴァンギャルド芸術——〈マヴォ〉とその時代』青土社、2001年
・五十殿利治、滝沢恭司ほか『大正期新興美術資料集成』国書刊行会、2007年
・五十殿利治『観衆の成立——美術展・美術雑誌・美術史』東京大学出版会、2008年
・東京文化財研究所編、五十殿利治、滝沢恭司ほか『大正期美術展覧会の研究』
中央公論美術出版、2005年
・日高昭二、五十殿利治監修『海外新興芸術論叢書——新聞・雑誌篇 復刻版第2巻』
ゆまに書房、2005年
・岡本唐貴、松山文雄『日本プロレタリア美術史』造形社、1967年
・「日本近現代史美術特集」『美術手帖』2005年7月号、美術出版社
・「特集・望月桂」『美術グラフ』1977年4月号、時の美術社
・小松隆二『大正自由人物語——望月桂とその周辺』岩波書店、1988年
・『望月桂展 民衆運動の唱導者』公益財団法人八十二文化財団、2002年
・岩本憲児編『村山知義——劇的尖端メディアとパフォーマンスの20世紀 1』森話社、2012年
・赤瀬川原平『反芸術アンパン』筑摩書房、1994年
・アンドレ・ブルトン、瀧口修造・巖谷國士監修『シュルレアリスムと絵画』人文書院、1997年
・風間サチコ（ブログ）「窓外の黒化粧」http://kazamasachiko.com/
・三重県立美術館「1930年代の日本美術 酒井哲朗」
http://www.bunka.pref.mie.lg.jp/art-museum/55044038118.htm
・『20世紀日本美術再見 1940年代』三重県立美術館、2015年
・小勝禮子、鈴木さとみ、志田康宏『戦後70年：もうひとつの1940年代美術（A）』
栃木県立美術館、2015年
・小勝禮子『「戦後70年：もうひとつの1940年代美術」展関連企画 シンポジウム「戦争と表現——文学、美術、漫画の交差」報告書 1940年代美術に関する論文集（B）』栃木県立美術館、2016年
・槇文彦、真壁智治『アナザーユートピア「オープンスペース」から都市を考える』
NTT出版、2019年
・八田真行『オルタナ右翼』洋泉社、2017年
・『1945年±5年』兵庫県立美術館、広島市現代美術館、2016年
・北沢憲昭『岸田劉生と大正アヴァンギャルド』岩波書店、1993年
・北沢憲昭『美術のゆくえ、美術史の現在——日本・近代・美術』平凡社、1999年
・北沢憲昭『眼の神殿——「美術」受容史ノート』ブリュッケ、2010年
・北沢憲昭『日本美術全集17——前衛とモダン』小学館、2014年

・"The Seasteaders by Jacob Hurwitz - Goodman and Daniel Keller", Dis.art (Feb. 22, 2018)
https://www.youtube.com/watch?v=DKfp0-hEXrU
・Chim↑Pom、阿部謙一編『なぜ広島の空をピカッとさせてはいけないのか』
無人島プロダクション、2009年
・Chim↑Pom『芸術実行犯』朝日出版社、2012年
・國上直子「『検閲』に揺れた2017年。ニューヨークのアートシーンを振り返る」
(ウェブ版「美術手帖」2017年12月28日) https://bijutsutecho.com/magazine/insight/10452
・"Activists Protest at Whitney Museum, Demanding Vice Chairman and Owner of
Tear Gas Manufacturer 'Must Go'", Hyperallergic (Dec. 9, 2018)
https://hyperallergic.com/475198/activists-protest-at-whitney-museum-demanding-vice-chairman-and-owner-of-tear-gas-manufacturer-must-go/
・"The Many Forms of Resistance", Hyperallergic (Apr. 26, 2019)
https://hyperallergic.com/496004/the-many-forms-of-resistance/

本書はウェブ版「美術手帖」にて2018年12月から2019年5月にかけて連載された「The Public Times〜Chim↑Pom卯城竜太 with 松田修による『公の時代のアーティスト論』」(全9回) をもとに、追加の対談 (第8章後半) と鼎談 (第9章) を含めて2019年8月末時点まで全面的に改訂を施し、新たな論として更新したものです。

著者紹介

卯城竜太 (うしろ・りゅうた)
1977年東京都出身。2005年に東京で結成したアーティスト集団Chim↑Pom (チン↑ポム) のメンバー。東京をベースにメディアを自在に横断しながら表現活動を続け、海外でも様々なプロジェクトを展開、世界中の展覧会に参加する。美術誌の監修や展覧会キュレーションなども行なう。2015年、Prudential Eye AwardsでEmerging Artist of the Yearおよびデジタル・ビデオ部門の最優秀賞を受賞。Chim↑Pomとしての著作に『なぜ広島の空をピカッとさせてはいけないのか』(阿部謙一との共編著、無人島プロダクション)、『芸術実行犯』(朝日出版社)、『都市は人なり——「Sukurappu ando Birudoプロジェクト」全記録』(LIXIL出版)、『We Don't Know God——Chim↑Pom 2005-2019』(ユナイテッドヴァガボンズ) など。http://chimpom.jp/

松田修 (まつだ・おさむ)
1979年尼崎出身。二度の鑑別所収監を経て、東京芸術大学大学院美術研究科修了。映像、立体、絵画とジャンルを問わず様々な技法や素材を駆使し、社会に沈潜する多様な問題を浮上させる作品を制作。主な個展に「何も深刻じゃない」(2015年、キタコレビル)、「みんなほんとはわかってる」(2017年、無人島プロダクション)、「不適者生存」(2018年、オルタナティブスペースコア) など。他の活動として、The Influencers festival 2014 (バルセロナ) に映像を提供し、美学校では2015年より古藤寛也とともに講座「外道ノススメ」の講師を務めている。http://osamumatsuda.com/

卯城竜太 (右) と松田修 (左)　撮影：橋爪勇介

公《こう》の時代

――官民による巨大プロジェクトが相次ぎ、
炎上やポリコレが広がる新時代。
社会にアートが拡大するにつれ
埋没してゆく「アーティスト」と、
その先に消えゆく「個」の居場所を、
二人の美術家がラディカルに語り合う。

2019年 9月20日 初版第1刷発行

著者 卯城竜太 松田修

ブックデザイン 大西隆介（direction Q）
DTP制作 濱井信作（compose）
編集 綾女欣伸（朝日出版社）
編集協力 足立元、杉原環樹、橋爪勇介（美術出版社）
仁科えい（朝日出版社）

発行者 原 雅久
発行所 株式会社 朝日出版社
〒101-0065 東京都千代田区西神田3-3-5
tel. 03-3263-3321 fax. 03-5226-9599
http://www.asahipress.com/
印刷・製本 図書印刷株式会社

ISBN978-4-255-01135-6 C0095